北京市建设「设计之都」促进文化科技融合（科研）项目系列成果

课题名称：北京城市空间与建筑品质提升系统性理论与方法的研究与应用

课题编号：Z181100000618005

基于文化基因传承的首都功能核心区街道空间品质提升设计研究

丁奇　王珂　梁健　著

中国建筑工业出版社

图书在版编目（CIP）数据

基于文化基因传承的首都功能核心区街道空间品质提升设计研究 / 丁奇，王珂，梁健著． — 北京：中国建筑工业出版社，2021.12
ISBN 978-7-112-27018-7

Ⅰ. ①基… Ⅱ. ①丁… ②王… ③梁… Ⅲ. ①城市道路—设计 Ⅳ. ① U412.37

中国版本图书馆 CIP 数据核字（2021）第 270038 号

责任编辑：兰丽婷　杜　洁
责任校对：焦　乐

基于文化基因传承的首都功能核心区街道空间品质提升设计研究
丁奇　王珂　梁健　著
*
中国建筑工业出版社出版、发行（北京海淀三里河路9号）
各地新华书店、建筑书店经销
河北鹏润印刷有限公司印刷
*
开本：787毫米×1092毫米　1/16　印张：8½　字数：176千字
2021年12月第一版　2021年12月第一次印刷
定价：35.00元
ISBN 978-7-112-27018-7
（37623）
版权所有　翻印必究
如有印装质量问题，可寄本社图书出版中心退换
（邮政编码 100037）

目 录

第1章 绪论 / 1

  1.1 研究背景 / 1

    1.1.1 街道设计的研究背景 / 1

    1.1.2 基于文化基因的街道设计研究背景 / 1

    1.1.3 研究背景及范围界定 / 2

  1.2 研究概念与界定 / 2

    1.2.1 街道 / 2

    1.2.2 街道设计导则 / 3

    1.2.3 文化 / 4

    1.2.4 文化基因与文化基因浓郁度 / 5

  1.3 研究目的与意义 / 7

    1.3.1 研究目的 / 7

    1.3.2 研究意义 / 7

  1.4 研究方法 / 8

    1.4.1 理论总结 / 8

    1.4.2 调查研究 / 8

第2章 国内外相关研究的理论与实践 / 9

  2.1 国内外街道设计理论的研究现状 / 9

    2.1.1 国外街道设计理论研究现状 / 9

    2.1.2 国内理论研究现状 / 13

    2.1.3 国内外街道设计理论研究总结 / 14

  2.2 国内外从文化基因传承视角出发的街道设计理论研究现状 / 15

    2.2.1 从文化视角出发的城市设计研究综述 / 15

    2.2.2 从文化基因视角出发的城市设计研究综述 / 16

    2.2.3 从文化视角出发的街道设计研究综述 / 17

    2.2.4 研究总结 / 17

2.3 国内外街道设计导则的实践研究现状 / 18
    2.3.1 国外街道设计导则解读 / 18
    2.3.2 国内街道设计导则解读 / 19
    2.3.3 国内外街道设计导则编制的异同 / 20

2.4 小结 / 21

第3章 首都核心区街道文化基因提取与解析 / 23

3.1 首都核心区街道历史文化沿革 / 23
    3.1.1 1949年以前的北京城 / 23
    3.1.2 1949~1978年的北京城 / 23
    3.1.3 1978年至今的北京 / 23
    3.1.4 北京城街道的发展演变 / 24

3.2 文化基因在街道空间上的分类与确定原则 / 26
    3.2.1 文化基因的分类研究 / 26
    3.2.2 文化基因的确定原则 / 27

3.3 街道文化基因的识别与提取研究 / 28
    3.3.1 文化基因的识别方法 / 28
    3.3.2 文化基因的提取步骤 / 28

3.4 街道文化基因解析研究 / 30
    3.4.1 街道文化基因解析模式 / 30
    3.4.2 街道显性文化基因解析 / 30
    3.4.3 街道隐性文化基因解析 / 33

3.5 小结 / 35

第4章 基于文化基因浓郁度的首都核心区街道评价与分类 / 36

4.1 街道文化基因权重评价体系构建 / 36
    4.1.1 文化基因权重评价体系构建原则 / 36
    4.1.2 文化基因权重的评价方法 / 36
    4.1.3 文化基因权重评价体系构建步骤 / 37
    4.1.4 街道文化基因权重评价对象确立 / 38
    4.1.5 文化基因权重评价过程分析 / 39
    4.1.6 文化基因权重结果分析 / 42

4.2 街道文化基因浓郁度评价体系 / 45

4.2.1 街道显性文化基因浓郁度评价体系 / 45

4.2.2 街道隐性文化基因浓郁度评价体系 / 45

4.3 街道分级分类构建 / 51

4.3.1 街道文化基因浓郁度分级 / 51

4.3.2 街道分类原则 / 51

4.3.3 街道分类模型构建 / 52

4.4 基于文化基因浓郁度的首都核心区街道现状类型 / 53

4.4.1 街道类型甲 / 53

4.4.2 街道类型乙 / 57

4.4.3 街道类型丙 / 61

4.4.4 街道类型丁 / 62

4.5 小结 / 63

第 5 章 基于文化基因的首都核心区街道设计导则编制 / 65

5.1 首都核心区街道存在问题研究 / 65

5.1.1 现代化交通对街道空间的冲击 / 65

5.1.2 不同文化在街道空间的相互影响 / 65

5.1.3 "假古董"设计对街道文化气质的破坏 / 65

5.2 首都核心区街道设计导则的编制原则 / 66

5.2.1 以人为本的人性化设计原则 / 66

5.2.2 凸显文化特色的设计原则 / 66

5.2.3 整体性设计原则 / 66

5.2.4 可持续发展原则 / 67

5.3 首都核心区街道设计导则编制思路与方法 / 67

5.3.1 导则编制思路 / 67

5.3.2 导则编制方法 / 68

5.4 首都核心区街道风貌总体指引研究 / 68

5.4.1 街区文化的整体提升 / 68

5.4.2 街道历史的系统挖掘 / 69

5.4.3 新旧文化的有机交融 / 69

5.4.4 景观细节的艺术刻画 / 69

5.5 首都核心区街道类型指引研究 / 69

5.5.1 街道类型甲设计指引 / 69

5.5.2 街道类型乙设计指引 / 71

5.5.3 街道类型丙设计指引 / 73

5.5.4 街道类型丁设计指引 / 74

5.6 首都核心区街道文化基因设计指引研究 / 75

5.6.1 首都核心区街道文化基因要素研究内容 / 75

5.6.2 街道显性文化基因设计指引 / 75

5.6.3 街道隐性文化基因设计指引 / 81

5.7 小结 / 82

第 6 章 结论与创新 / 84

6.1 结论 / 84

6.2 创新 / 85

6.3 展望 / 86

附录 1 / 88

附录 2 / 94

附录 3 / 97

参考资料 / 125

第1章 绪　　论

1.1 研究背景

1.1.1 街道设计的研究背景

1.1.1.1 加强城市设计，提倡城市修补

2015年，中央城市工作会议于北京召开，提出坚持创新、协调、绿色、开放、共享的发展理念，完善城市治理体系，提高城市治理能力，着力解决城市病等突出问题。会议强调未来城市发展要加强城市设计的作用与影响，提倡对已建成城市对症下药，有机修补与完善。

1.1.1.2 从"增量时代"进入"存量时代"的城市发展规律

随着改革开放40多年城市化进程的不断发展，我国城市外扩发展已逐渐达到发展临界点，城市发展已从"增量时代"进入"存量时代"，城市更新成为当下城市建成区城市设计的研究重点与发展方向。

1.1.1.3 街道设计是城市外部空间设计中最重要的一部分

街道作为城市外部空间中不可或缺的组成部分，既承载基本的通行功能，同时街道本身也是城市中最为常见的活动交流公共空间。因此，在城市设计的诸多内容中，街道设计既是城市设计最基本的部分，也是城市外部空间设计最重要的内容之一。

1.1.1.4 街道设计导则对统筹把控街道空间中各个要素之间的关系具有重要意义

一条优美宜人的街道的呈现，与规划、设计、建设、管理等环节密不可分。打造一条优美宜人的街道，需要城市规划、交通市政、景观绿化甚至建筑等专业通力合作，同时也是"规建管"三者共同统筹协调的成果。街道设计导则本身，即是一种有效地把控街道规划设计秩序与管理的合理方法论，具有重要意义。

1.1.2 基于文化基因的街道设计研究背景

1.1.2.1 续"文脉"提"气质"

中央城市工作会议提出续"文脉"提"气质"的文化课题，并提出"树立延续历史文脉的文化自觉，留住文化基因，保护文化遗产，打造城市精神"的工作目标。会议提出要留住城市文化基因，严格管控城市风貌与文脉，提出要将城市修补与城市文化传承与发扬相结合。

我国目前正处于城市飞速发展的历程中，在满足经济发展的同时，如何保护城市历史遗存、延续城市文脉、发展适合现代生活的城市文化魅力，是每个城市发展必须思考的问题。

1.1.2.2 我国城市的历史文化底蕴深厚

我国是拥有五千年历史文化底蕴的古国，具有深厚的城市发展底蕴，街道空间同样如此。宋代张择端的名作《清明上河图》中就以街道空间作为表现主体，展现北宋汴京（今开封）的市井文化与百姓生活。北京是一座具有悠久历史、文化底蕴深厚、历史文脉气息浓郁的古城，具有国外其他城市不曾拥有的浓郁的东方传统城市文化氛围。

1.1.2.3 北京的城市定位

北京作为国家"四个中心"，其中的文化中心与国际交往中心，其文化底蕴的传承与发展不仅是北京城市发展的重点内容，也是作为国际了解中国历史文化的一道重要窗口。

1.1.2.4 街道是城市文化展示的重要界面

作为城市中最为常见和重要的公共活动交往空间，北京的街道不仅对内承载着北京历史与文化的传承与发展，对外也是中国传统历史文化的重要展示界面。

1.1.3 研究背景及范围界定

研究范围为北京首都核心区，即首都功能核心区，包括东城区与西城区，面积共 92.4 平方公里。①《北京城市总体规划（2016 年—2035 年）》中提出"一核一主一副、两轴多点一区"的城市空间结构；并提出建设政务环境优良、文化魅力彰显和人居环境一流的首都核心区。总体规划中提出，首都核心区作为北京文化交流与国际交往重要承载区，也是北京历史文化名城重点区域，是我国对外展示国家文化底蕴的重要窗口。

1.2 研究概念与界定

1.2.1 街道

街道，《尔雅》中说："道者蹈也，路者露也"；《辞海》中的解释为"旁边有房屋的比较宽阔的道路"；克里夫·芒福汀对街道的定义为"是由其两侧的建筑所界定，由其内部秩序形成的外部空间，具有积极的空间性质，与人关系密切。它作为构成城市空间的主要要素，不只表现于它的物理形态，表示两点或两区之间是否有关系，表示人的动线和物体的活动量等，而且还被普遍看成是人们公共交往及娱乐

---

① 《解读首都核心区用地的负面清单：配合北京疏解，为首都功能服务》。

的场所"。①

街道中的"街"与"道",分别指街道本身的两种不同功能属性:通行功能和交流功能。东西方城市在发展之初,街道都是城市居民开展交流与贸易往来的基本空间,街道本身也承载着不同时期人们留下的文化风俗记忆,而其反映在空间形态中,即是街道的文化风貌与历史文化印记。同时,街道空间对文化的彰显也是城市文化传承最为高效、普遍的途径。

1.2.2 街道设计导则

1.2.2.1 设计导则

"导则"二字,《说文》中提道:"导,引也";"则"有"模范、规程、制度、效法"等含义。因此,"导则"二字,在汉语的解释中,是指引的同时还不乏规则制度的限制,同时,还要具有一定的普遍性。而"设计导则"一词最早来自英语"design guidance"或"design guideline",国内翻译也有"设计导引""设计准则"或"设计指导方针"等。本文对"设计导则"的定义是:"针对一个研究对象提出的设计引导方向的同时,也对设计过程提出一定程度的规则与限制"。

1.2.2.2 城市设计导则与街道设计导则

从现代城市设计大师巴奈特先生(J. Barnett)的名言"设计城市而不要设计建筑物(Design cities without design buildings)"中可以看出,城市设计不仅仅是针对城市建筑进行设计,更多的还是对建筑之外的外部空间的统筹规划与设计指引。因此,城市设计导则作为城市设计中重要的实践成果,其具体内容是在遵循相关法律法规基础上,以导则的内容为建筑景观设计的主要依据,通过多尺度多角度的研究,提出相对具体明晰的规划设计方案,表达形式为相对具体的城市物质空间。因此,导则的编制必须满足两点:其一,提出明晰的设计方向,为后续具体设计项目的开展提出相对具体的设计思路;其二,对项目开展过程的一系列阶段进行统筹协调,弱化时间进程中各种环境因素的干扰。②

街道设计导则与城市设计导则的关系,可以简单理解为"街道"与"城市"的关系。街道作为城市中最为常见的重要空间,针对城市街道的统筹规划也是城市设计导则的核心内容。

1.2.2.3 街道设计导则的特点

(1)整体性和系统性

街道设计导则的核心内容之一,就是对街道设计要素的系统梳理,在这个过程中需要对街道研究范围内的所有设计控制要素进行整体全面的考虑,并对要素本身分级分类,以街道空间中要素的组成不同对街道进行分类,并针对不同类别提出不

---

① 克利夫·芒福汀.街道与广场[M].张永刚等译.北京:中国建筑工业出版社,2004.
② 亚历克斯·克里格.美国与中国的城市设计案例[J].城市环境设计,2013(Z2):284-286.

同的指引内容，同时，对于一些对街道本身影响较大的要素需要重点考虑，明确设计底线；在一些相对不重要的设计要素上可以放宽控制力度，保证设计师在对街道设计的过程中可以发挥一定的自主性，为后续详细设计提供适宜的设计空间，以满足城市景观多样，文化多元的特点；同时，针对街道部分需要重点控制的要素，应从宏观视角考虑，视其为街区整体的一部分，进而才可更客观地对这类要素进行把控指引。

（2）绩效管制和规定管制

城市设计在发展过程中，形成了由"绩效"和"规定"两种方式共同管控的设计模式。其中，绩效管制是指在规划设计过程中提出设计的理想模型，并相应提出达到此理想状态过程中所采用的对应的方法或者建议，简单来说，就是清晰地告诉设计师"什么样的是最好的状态""为什么要这么做"以及"应该怎么做"；同时，规定管制则是另一个思路，即是从"什么样的方式不建议做或者不可以做"这个思路出发，通过限定设计对象的形式以及材料、色彩等内容，以具体的手段以及管控方式，达到其控制目的。在街道设计导则的编制中，这两种方式经常共同结合，以达到最优的设计结果。

同样，针对街道设计导则，也应采用同样的方法，既通过引导性、目的明确的设计语言来为项目的设计开发提供合理的设计思路，在合理的设计空间内，为后续街道详细设计提供相应的设计指引，同时也通过明确禁止的设计限制来制约不符合设计目标的设计内容的出现，前者即"导"，而后者为"则"。

1.2.3 文化

广义的文化是指人类社会历史实践过程中所创造的物质财富和精神财富的总和。[①] 人类文明发展过程中，在不同的时期、不同的地区由于经济、社会等方面发展不同，会衍生出不同的实体成果与精神成果，这些成果也在一定层面上反映出社会内容与发展情况的不同，文化的含义即在于此。同时，纵观历史，人类的文明发展一直处于变化中蕴含规律的状态，这种连续的动态变化也使文化本身在时间长河中不断"生长"与"演变"。

1.2.3.1 地域文化

顾名思义，地域文化特指在一定地理区位内的文化特点，其主要研究在一定地理区位空间中的文化集合以及其形成规律与共同特征，以便进一步研究当地文化与当地物理环境之间的关系。

地域文化的层级关系分为文化圈—文化区—文化系统—文化丛—文化因子。[②] 其中，各个层级之间互相影响、共同发展。在文化相互作用发展的过程

[①] 王文婷. 以文化策略为导向的城市设计研究 [D]. 重庆大学，2010.
[②] 王文婷. 以文化策略为导向的城市设计研究 [D]. 重庆大学，2010.

中，不同地理环境会衍生出具有不同特点的文化资源，主要有三种：第一，彰显地域非物质性的文化资源，譬如地方风俗、方言、节日庆典、非物质文化遗产等的历史文化资源。第二，彰显当代地域文化发展内容与方向，譬如文化旅游产业的发展、文化媒体传播与活动的当代文化资源以及包含的地域文化特色。第三，彰显地域文化内涵的城市公共空间，譬如文化设施、文化场所等的城市建设资源。

不同的文化资源类型所对应的空间载体皆有不同，例如大型的文化创意活动的开展需要开放度高的广场空间。随着城市经济的不断发展与城市品质的提升，城市与居民对城市文化及其生产消费空间越发重视，城市文化的空间载体本身也会逐渐成为城市中最富活力气息的城市核心空间之一。

1.2.3.2 城市文化

城市文化，是伴随城市发展过程中，人们在城市中创造出来的精神财富与物质财富的综合。[①] 城市文化随着时间发展会产生一定程度的演变，同一地理空间的城市文化在演变过程中会有不同的特征与气质，但内在之间具有一定的联系性。同时，文化本身伴随着历史事件的发生，具有一定影响性，我国的许多城市在保留传统中华文化的同时，也伴随历史事件发生吸收了很多其他国家的文化特色，例如大连、天津、哈尔滨等城市。

城市文化在演变过程中，不仅产生了丰富的物质遗存，也孕育了丰富且多样的精神内涵，譬如民俗风情、特色手工等非物质文化遗产。城市本身的地理独特性是城市文化在发展过程中形成的一定的独特"符号"，再现城市历史文化的同时，丰富城市生活，提升城市形象与活力。

城市文化空间从宏观到微观分为四个空间层级：城市整体文化意象——文化分区——文化片区——文化设施。从宏观来说，城市的整体文化意向泛指可以代表整个城市文化形象的代表文化，例如西安被称为古都，唐风文化在西安也是最具代表性的。不同层级的文化所表现的空间尺度有所不同，同时文化层级越微观，其所表现出的文化内容也越加丰富。从城市空间的角度来说，人们身处城市之中，具有文化彰显力的城市文化空间可以激发并带动人们内心的文化认同感，同时从不同尺度上皆可以彰显城市本身的文化魅力。

1.2.4 文化基因与文化基因浓郁度

1.2.4.1 文化基因的起源与发展

"基因"本身是一个生物学概念，指控制生物遗传的基本单元，它一开始是由奥地利生物学家提出的。[②] 从 20 世纪 50 年代开始，"生物基因"这一研究思路开始被一些文化研究学者运用在人类文化研究上，其中，具有里程碑意义的是 1976 年

---

① 王文婷. 以文化策略为导向的城市设计研究 [D]. 重庆大学，2010.
② 波拉克. 解读基因：来自 DNA 的信息 [M]. 杨玉玲译. 北京：中国青年出版社，2000.

牛津大学著名学者理查德·道金斯的著作《自私的基因》一书中，提出"模因"（meme）这一概念，并为其定义为"文化在发展进化过程中所遗传下来的基本单元"，"meme"一词本身也是在"gene"一词的基础上衍生出来的。在1988年，《牛津英语词典》也正式将"meme"一词收录其中，并定义其为一种对文化遗传基本单元，其本身并没有遗传能力，但可以对文化本身的传承起到一定的复制作用。

在《自私的基因》出版之后，另一个具有一定影响力的是社会生物学奠基人爱德华·O·威尔森和物理学家查尔斯·卢姆斯登共同提出"基因——文化协同进化理论"，并将"基因"（gene）与"文化"（culture）两词"结合"，创造出"culturgen"一词，并将其定义为"文化进化过程中所遗传的基本单元"。

1.2.4.2 我国对文化基因的界定与理解

当前，"文化基因"这一概念在我国学术界还处于"百家争鸣"阶段，不同专业的学者皆通过某一具体问题研究出发，对这一概念提出自己的理解。刘长林先生将文化基因定义为"对民族的文化和历史发展产生巨大影响的心理结构与思维模式"并认为文化基因本身对民族与城市的方方面面都有潜在的影响；人类学研究者徐杰舜教授认为，文化基因是"一个民族或者族群储存一定遗传信息的功能单位。"王东教授则认为文化基因是"人类文化系统发展的遗传密码，其核心是思维方式与价值观念。"这三种观点虽有所区别，但其中的共同点都是认为"文化基因"这一概念是一个文化概念，其定义相较"生物基因"来说更主观，这是与"生物基因"这一纯生物科学概念最大的不同。目前来看，虽然不同研究领域的学者对文化基因的研究与理解皆有所不同，但皆是从历史人文或逻辑思维的角度进行分析与入手。

在此基础上，笔者认为文化基因作为文化传承与发展的基本遗传单元与符号，对于具有悠久历史文化传统的北京首都核心区来说，文化基因的概念与内涵有助于为北京首都核心区街道设计的研究提供新的研究视野与思路。

1.2.4.3 本书对"文化基因"（Culturgen）与"文化基因浓郁度"（The Concentration of Culturgen）概念的界定

通过对国内外"文化基因"这一理念的研究进展发现，东西方对于"文化基因"的研究与理解是截然不同的。西方学者对文化基因的研究多从自然科学的角度出发，学习、理解生物基因的研究逻辑，进而推导应用到社会科学中来，但是，"文化基因"这一概念基于社会学研究，与基于自然科学的"基因"有本质的区别：生物学的基因是一种可通过科学研究分析、试验，并可被发现的实在存在物质；而"文化基因"是一种以主观意向存在的概念，并未能够证明其存在。

国内在"文化基因"方面的主流研究思路主要集中在社会科学领域，更多的是以哲学思考为突破口，对中国传统文化发展历程中的某个问题进行思考与研究，最终结论大部分归结为我国传统哲学思想、文化传统等文化现象，研究本身缺乏一定科学性，过于主观。

通过对国内外相关研究的分析与总结，结合本文的研究对象与研究目的，笔者对"文化基因"概念的界定限于城市街道空间中对街道文化具有一定影响的因子要素，其在历史发展过程中具有一定发展演变规律，对挖掘提升街道、街区，甚至城市尺度下的历史文化风貌与底蕴具有一定意义与作用。

在界定"文化基因"这一概念的基础上，笔者提出"文化基因浓郁度"（The Concentration of Culturgen）这一概念。"浓郁度"即为"某种要素多与少的程度"，"文化基因浓郁度"指文化基因要素的多与少，其探究对象为每一条街道空间，所反映的是街道空间中历史文化氛围的强弱程度，不同的文化基因对街道空间的文化氛围影响不同，对街道保存的所有文化因子进行统一研究与评价，在一套评价体系下即可得出不同街道的文化基因浓郁度差别。

1.3 研究目的与意义

1.3.1 研究目的

本书以"北京市中心城街道设计导则"为依托，从文化基因角度入手，对北京首都核心区街道空间的文化基因进行提取分类与评价，以文化基因浓郁度作为街道分类评价依据，进而对不同类型街道空间提出相应设计指引。

本书基于北京首都核心区展开，以街道空间与街道文化基因为研究对象，探讨其街道空间的文化传承与发展，采用"调研＋问卷＋访谈＋评价打分"的方式，找出对街道空间最重要的文化基因，并以此作为街道分类依据，针对不同类型街道，从"整体"到"要素"分别提出指引总则与分则，并结合典型街道空间进行佐证。在从城市层面探讨街道空间设计宜人品质的同时，提升北京首都核心区文化风貌品质，保护北京历史风貌资源，塑造文化气息浓郁的北京街道形象。

1.3.2 研究意义

1.3.2.1 对首都核心区街道空间的文化基因进行系统梳理

北京首都核心区具有深厚的历史文化底蕴，其中北京老城区（原北京城墙内，现北京二环以里）还基本延续古都城市风貌格局。本书通过对街道文化基因的提取与评价，对首都核心区街道空间的文化基因系统进行梳理，这将有助于我们从文化基因浓郁度的视角对街道空间进行解读。

1.3.2.2 有利于从文化角度探索街道空间对城市文脉的延续方法

对于城市发展来说，文化与文脉的延续是重要的一环。对于首都核心区来说，街道空间作为城市中最常见、最主要的公共交往空间，对体现北京传统城市文化尤为重要。因此，本书探寻提炼首都核心区街道空间中文化基因的保存与发展，以此为基础建立街道文化基因浓郁度的评价分级体系，并在此基础上提出设计指引，有利于以街道空间为载体，从文化基因传承的视角探索一种对城市文化的新的传承方法。

1.3.2.3 为街道设计导则提供一种新的设计方法和思路

相较于国外，我国在街道设计导则方面的理论研究与实践探索还处于起步阶段，纵观国内外街道设计导则的研究与编制，多以人性化街道空间塑造为出发点与目标，本书从文化基因这个视角出发，以文化基因对首都核心区街道文化气质的影响为研究重点，为街道设计导则的研究提供一种新的研究思路。

1.4 研究方法

1.4.1 理论总结

在对研究对象进行了解的过程中，理论研究是最为基础、高效的研究方法。通过全面扎实的理论研究，可以充分了解研究对象及相关内容的国内外研究状况，为后续的研究提供相应的理论支撑与方法借鉴。在研究初期，本书参考大量国内外文献资料，从当代城市街道设计理论、街道设计导则实践以及文化视角下的街道设计研究三个方面分别进行探讨和总结。

1.4.2 调查研究

调查研究包含现状调查、实地观察等方法。

在研究过程中，多次组织对首都核心区街道空间的现状调研工作，包括实地观察与问卷访谈等，获得大量一手资料与数据，并对首都核心区内6条街道案例进行更为详尽的现状调研，客观评价街道文化基因浓郁度级别，归纳街道空间现状问题。在调研过程中，也对首都核心区的街道文化与文化基因谱系之间的联系进行研究探讨，并多次修正文化基因谱系与评价体系，同时对首都核心区的街道类型与文化基因之间的联系有了进一步的研究与了解。

第2章 国内外相关研究的理论与实践

2.1 国内外街道设计理论的研究现状

2.1.1 国外街道设计理论研究现状

在人类城市发展的过程中，科学的发展与时代观念的转变与进步是最重要的影响因素之一，这点对于街道的研究发展来说也一样。总的来说，街道的历史发展经历了四个重要的时期：（1）第一次工业革命以前，东西方城市的主要交通方式还是马车代步与步行，由于出行方式有限以及城市经济生产能力相较乡村没有太大突破性的提升，城市人口相对较少，规模尺度较小，城市街道空间尺度适宜步行，街道中的人是空间使用的主体。（2）随着两次工业革命，城市的生产力远远超过乡村，人们涌入城市，城市人口密度、空间尺度逐渐扩张。汽车的出现与普及，使城市街道的使用主体逐渐由人行转化为车行，城市街道也相应重新进行梳理与规划，"以人为本"的街道逐渐转化为"车行至上"的街道，街道空间中的人行空间被压缩成单一固定的人行道，人行与车行发生冲突，且车行逐渐占据街道路权的主要部分，这样的情况一直持续60多年。（3）20世纪六七十年代，随着人们越发意识到街道空间已经变成纯粹通行的无趣空间，"城市街道复兴"这件事逐渐被各界学者与市民关注与重视，街道的相关研究理论逐渐问世，街道的主权性逐渐从当时的车行至上开始向人性化进行转变。（4）一直到1980年之后，随着人们对城市与街道的不断认识，街道空间的内涵已经摆脱了传统的汽车与人的纠纷，进而提升到更高的层面，认为街道应该是城市通行、交流、文化展示、生态营造等理念多方一体的城市核心空间，人车共享成为街道空间权属的核心。

2.1.1.1 20世纪以前——行人的街道

20世纪以前的东西方城市，皆属于密集型城市，规模、人口皆不大，城市主要的交通出行方式以人行为主，夹杂车行（马车）、骑马等交通方式，其中人行占据主导地位，这几种交通方式虽有一定冲突，但因为当时交通出行速度有限，其他出行模式还是无法撼动人行为主的地位。

同一时期，东西方城市的街道空间发展也有一定特点：西方城市发展之初便重视人们在外部空间的交流与互动，对于街道也不例外。城市街道尺度与形式更贴合人行感受，空间变化与秩序丰富；同时，东方城市中，中国的城市也是如此，街巷空间不仅仅是通行空间，更是随着时间不断发生演变的鲜活的城市脉络。人的空间感受对于街道空间的影响十分深远。

在这两面原因的共同影响下,该时期的街道空间在主要满足基本的人行通行的基础上,仍以人行感受作为街道空间的主要影响因素。人,是街道空间的主要服务对象。

2.1.1.2 20世纪初——汽车的街道

20世纪初,第一次工业革命开创的"蒸汽时代"以及第二次工业革命开创的"电气时代"让机器正式进入历史舞台,这对于城市发展与街道发展产生了深远的影响。在机器大发展的同时,汽车的出现与普及,彻底改变了城市的交通格局,城市交通模式逐渐由"缓慢烦琐"的步行主导转化为"高效便捷"的汽车主导。对此,街道空间的格局也相应发生了很大的转变:为了迎合车行,城市街道空间被重新梳理,原本变化丰富的街巷空间变成了笔直规则的现代街道,车行占据了街道的大部分空间,人行逐渐被压缩。为了降低人车之间的冲突,随着人行道的出现,街道的"权属"被明确化,人车彻底"分流"。

很多学者对城市效率极度重视,比较有代表性的就是建筑师勒·柯布西耶在其著作《明日的城市》中提出减少道路的交叉口、拓宽道路宽度等措施,以便保证提高城市的效率。[①] 这样的思想逐渐被现代城市发展所借鉴推崇,但是同时也在另一方面不断削弱城市街道空间中人行的价值。

这一时期,城市的高效与快速带来很多经济利益的同时,却引发了一系列的环境与社会问题:城市公共空间逐渐被侵蚀,呈现一种破碎化与边缘化的局面;街道空间秩序混乱,汽车随意占道,路权模糊;城市室外空间环境恶化,社会问题加剧等。这一系列的问题的本质是城市的交往、生活的功能被盲目高效的城市发展破坏。这也从一定层面上引发人们对城市空间与街道空间进行重新的思考与探索。

2.1.1.3 20世纪六七十年代——对人行的街道的呼吁

以车为本的交通理念盛行几十年后,城市外部空间的诸多问题频频出现迫使人们重新思考城市发展中效率与环境之间的矛盾。在这期间,社会各界专家与学者从自己的专业背景与角度提出街道人车关系的新思想与理念。

1960年,对城市规划与城市设计影响深远的著作《城市意象》出版,作者凯文·林奇提出重要的城市意象五要素,即道路、边界、区域、节点及标志物。[②] 凯文同时强调,对于一座城市来说,不同的街道会给行人留下不同的印象,街道作为城市最常见的公共空间,对于城市的印象的塑造起决定性的作用,街道作为城市形象的重要展示界面,又一次被人们重点关注。

1961年,简·雅各布斯的《美国大城市的死与生》出版。简·雅各布斯作为记者,

---

① 勒·柯布西耶著.明日之城市[M].李浩译.北京:中国建筑工业出版社,2009.
② 凯文·林奇.城市意象[M].方益萍,何晓军译.北京:华夏出版社,2001:125-129.

摆脱了城市规划专业的束缚，从社会学的角度强调街道对于城市空间的重要性。同时，她以一个步行者的角度，重新观察街道空间，提出一系列提升街道空间活力的策略。①《美国大城市的死与生》一书，进一步强调街道活力重要性的同时，也在如何发掘提升街道活力方面作了很多探索，进一步推动街道复兴的研究。

1963 年，英国人柯林·布凯南领导的团队经过研究，得出著名的"布凯南报告"，报告中提出"街道环境容量"的概念，强调街道在设计过程中不应只注重交通的高效，应在满足高效的同时，提升对街道空间的环境品质的关注，提升街道的环境容量，并且指出街道的环境容量越高，街道交通流量就会越低，这样的街道空间就越适宜步行，更加宜居。在此基础上，报告还强调人性化环境设计的重要性，提出在街道环境规划设计上应重视对街道人行活动的关注，提出街道环境设计不应只为视觉美观，应更多考虑人的活动。

1971 年，扬·盖尔出版的《交往与空间》②中，再一次强调城市公共空间对于人群交流交往的重要性，也通过对城市人群兴奋进行分析与研究，归纳总结城市外部公共空间中最为吸引人群前来交往的主要特征。同时，书中还认为一个城市若希望焕发生气且富有活力，则必须要重视对人群交流这一方面的开发，提升外部空间的交流质量，丰富外部空间的趣味性。

1976 年，埃蒙德·N·培根出版的《城市设计》③一书中也提出多样性对于城市空间的重要性，认为城市的活力是否充分，是由城市生活的人群在公共空间中行为的多样性所决定的，并指出城市设计的过程中应该重视对城市中人们的行为研究，以为后续的详细设计提供设计指引。

1978 年，雷姆·库哈斯的《疯狂的纽约》④中，再次提到现在的大城市呈现一种迷茫且无序的状态。城市逐渐被汽车、金钱、商业等统治，人在城市中的地位越来越低。街道空间也是如此，人对于街道空间的所有权越来越少，街道成为商铺的天下。

1979 年，芦原义信发表《街道的美学》⑤一书，本书将研究重点落在街道空间本身，通过对世界各地不同街道的空间关系进行分析，从空间的视角提出一条优美的街道需要达到的一系列设计准则，并提出优秀的街道设计的核心是行人的充分参与。

在这个时期，人们开始逐渐反思高效且繁荣的城市发展背后对人性的忽视，进而开始重新关注人对于城市、对于街道的重要性。在这个时期，人性化设计、人行

---

① 简·雅各布斯.美国大城市的死与生 [M].金衡山译.江苏：译林出版社，2006：23：24-30.
② 扬·盖尔.交往与空间 [M].何人可译.北京：中国建筑工业出版社，2002：25.
③ 埃德蒙·N·培根.城市设计(修订版).黄富厢，朱琪译.北京：中国建筑工业出版社，2003(8).
④ 雷姆·库哈斯.疯狂的纽约 [M].唐克扬译.上海：生活读书新知三联书店，2015(9).
⑤ 芦原义信.街道的美学 [M].尹培桐译.天津：百花文艺出版社，2006(6).

的街道成为各类学者与市民的主要呼声,对街道空间环境品质的重视,开始逐渐打破原有汽车优先、车行为主的城市交通模式。

2.1.1.4 20世纪80年代后——人车共享的街道

随着人们逐渐意识到人对城市的重要性之后,经过20年不断地研究与发展,从20世纪80年代后,各个国家和各界学者都试图在人行与车行之间找到一个完美的平衡点,这个过程也预示着人车共享街道的时代正式到来。

受布凯南报告的影响,德国也针对城市街道人车矛盾,提出"西方安宁计划",其核心是通过一系列设计手段,降低城市汽车车速,缓解人车矛盾,倡导人车共行。该计划的提出,在很大程度上为人车共享的城市街道设计理念的发展起到推动作用。

1986年,罗杰·特兰西克《寻找失落空间》[①]出版,该书通过对西方传统城市进行分析,认为传统城市空间中最具活力的城市外部空间为广场与街道;同时,该书针对当下城市出现的一系列问题,提出避免城市出现失落的街道的一系列方法。

1992年,克利福·芒福汀《街道与广场》[②]出版,该书通过对西方城市外部空间追根溯源,以现代空间分析方法对其进行深入研究,强调城市室外公共空间对于城市居民生活交流的重要作用,同时表明城市街道不仅仅对城市具有重要的社会意义,空间本身还具有很重要的场所价值。

1995年,阿兰·B·雅各布斯的《伟大的街道》[③]出版,该书通过对全世界数百条风格、尺度、功能不同的街道进行分析,在强调街道空间对于城市社区的重要性的基础上,提出伟大的街道的共同特征,认为街道空间不仅仅是空间设计,应更多承载一座城市的社会需求。

1997年,迈克尔·索斯沃斯和伊万·本·约瑟夫的《街道与城镇的形成》[④]出版,该书提出共享街道的概念,提出重新树立明确街道主权,明确以人为核心,街道空间应是通行、交流、休闲一体的自由空间。

随着人们逐渐意识到人对于街道空间与城市的重要性,人们开始逐渐摒弃传统粗暴的人行街道或者车行街道的街道权属配比,相反更倾向人车共享、人行优先这种更为有机科学的街道通行模式。随着城市问题越发严重,城市生活品质逐渐成为大家都更加关注的问题,街道空间的环境品质,以及城市边角空间的合理利用,也成为广为关注的议题。与此同时,在关注人车共享的同时,人们也从更多角度,譬如生态、文化风貌等角度对城市街道的更新与塑造提出更多思考。

---

① 罗杰·特兰西克.寻找失落空间[M].朱子瑜译.北京:中国建筑工业出版社,2008(4).
② 克利福·芒福汀.街道与广场[M].张永刚,陆卫东译.北京:中国建筑工业出版社,2004(6).
③ 阿兰·B·雅各布斯.伟大的街道[M].王又佳,金秋野译.北京:中国建筑工业出版社,2009(1).
④ 迈克尔·索斯沃斯,伊万·本·约瑟夫.街道与城镇的形成[M].李凌虹译.北京:中国建筑工业出版社,2006(7).

2.1.2 国内理论研究现状

相较于国外的研究，我国城市街道的研究起步较晚。但是，改革开放以来，我国城市建设速度飞快，城市数量与规模增长迅速，机动车飞速普及，具有大量的街道设计实践机会。但是，在国家以经济发展为核心的大背景推动下，我国城市的发展也开始走向"摊大饼"的发展方向，街道也遵循以车为本的发展思路，忽略城市传统街道肌理与市民的传统生活方式，"宽马路、大街区"在我国城市随处可见，同样，也侧面产生了一系列城市环境与社会问题，与西方城市街道的发展脉络如出一辙。

随着一系列城市社会问题的出现，以及对城市人性化设计的逐渐重视，对于城市设计与街道设计的思考也越来越多。目前来看，国内这方面的研究还是以城市设计研究为主，针对街道方面的专项研究起步较晚，近年来相关研究专题才逐渐出现。

国内在城市设计方面做较早研究的是 2004 年王建国的《城市设计》[1]，该书在对城市设计进行深入仔细的研究基础上，也为街道、广场等城市外部空间的规划设计提供了一系列设计手法。2007 年，沈磊和孙洪刚合著的《效率与活力——现代城市街道结构》[2] 系统性地对街道空间中的交通属性与社会属性进行研究，并在街道这一尺度上，从街区层面思考街道的交通属性，试图找到街道空间中的交通效率与人行活力之间的平衡点。

2010 年，金广君的《图解城市设计》[3] 出版，首次引入街道眼概念，并重点说明了街道眼的重点塑造对于整个街道环境品质打造的重要性；同年，卓健在《城市街道研究与规划设计——全球 50 个街道案例》[4] 一书中，在设计方面的研究基础上，还提到街道管理的相应方式，一定程度上为街道品质的打造提供了新的思路。

2013 年，虞大鹏和何威合著的《解读街道》[5] 中，通过对北京市内数十条街道进行研究，剖析历史，研究现状，最后针对不同类型街道，从形式、材料等角度对其问题提出相应的解决办法，恢复街道过去活力；2014 年，黄晶和贾新锋《重塑街道——中心城区街道边缘的碎片化整合》[6] 一书中，通过对城市街道中的破碎空间进行研究，强调街道空间景观塑造的重要性，并从政策、设计、管理多方位探究街道环境活力提升的方法。

---

[1] 王建国.城市设计（第二版）[M].北京：中国建筑工业出版社，2009(10).
[2] 沈磊，孙洪刚.效率与活力——现代城市街道结构[M].北京：中国建筑工业出版社，2007(7).
[3] 金广君.图解城市设计[M].北京：中国建筑工业出版社，2010(8).
[4] 卓健.城市街道研究与规划设计——全球 50 个街道案例[M].北京：中国建筑工业出版社，2010(10).
[5] 虞大鹏，何威.解读街道[M].北京：中国建筑工业出版社.2013(4).
[6] 黄晶，贾新锋.重塑街道——中心城区街道边缘的碎片化整合[M].北京：中国建筑工业出版社，2014(1).

在街道设计相关理论研究专著不断涌现的同时，相关的硕、博士论文也逐渐出现，研究角度也各有不同：比较集中的研究方向是从街道活力以及街道人性化角度进行研究，其中从街道活力为出发点的研究有：马水静在其硕士论文中提出街道"活力点"的概念，以北京街道为例，分析其街道空间的活力点特征；[①] 郑小霞在其硕士论文中，以街道公共空间为研究对象，研究行人的基本行为特征，并从"规建管"三方面提出更新设计策略。[②] 同时，从人性化角度入手的论文中，潘亦佳在其硕士论文中，研究街道人性化空间的具体特征，并相对应提出针对北京街道人性化提升的相应策略。[③]

除此以外，其他研究方向还有：周爽在其硕士论文中，从场所理论出发，对街道的景观、交通、照明、沿街建筑风格等方面进行分析，并提出设计方向，以求恢复街道空间的场所性；[④] 刘量在其硕士论文中，以类型学研究入手，对成都街道空间要素进行解构分析，以天府新城街道为例，得出成都街道空间设计原则；[⑤] 魏英在其硕士论文中，从城市风貌的角度入手，挖掘城市传统风貌特点，结合街道设计，得出适宜重庆特点的传统街道保护策略。[⑥]

2.1.3 国内外街道设计理论研究总结

通过对国内外街道设计理论梳理研究，可以发现，街道设计作为城市设计的重要子项，因为工业革命的快速发展，汽车取代行人，人的街道变为汽车的街道，而将街道归还给行人，将街道从单一的通行空间回归传统的通行，同时还可以为行人提供宜人的交往空间，成为街道设计研究并被人们所重视的初衷与根本原因，这也是国外众多城市设计学者研究街道的根本方向，"以人为本"的思想在街道设计上得以体现。

在此研究基础上，我国近年来对街道设计的研究也主要分为几个大的方向：从恢复街道活力、营造街道活力空间的角度的研究；从城市地域性文化对街道的传统风貌的研究；从人性化的角度，通过分析街道行人的行为心理的研究；从场所与空间的理论角度出发，探究街道空间类型以及恢复街道场所精神与内涵；通过对类型学的研究，研究街道的空间类型，并提出街道空间的分类标准等。

---

① 马水静.基于中心地理论的北京城市街道活力研究[D].北京工业大学，2009.
② 郑小霞.营造活力空间：重庆石油路社区街道活动与人行空间研究[D].重庆大学，2014.
③ 潘亦佳.城市街道空间的人性化设计[D].北京林业大学，2010.
④ 周爽.城市街道空间的场所性研究[D].中央美术学院，2010.
⑤ 刘量.基于类型学的城市街道空间设计研究[D].西南交通大学，2014.
⑥ 魏英.城市传统风貌街道规划研究[D].重庆大学，2008.

2.2 国内外从文化基因传承视角出发的街道设计理论研究现状

2.2.1 从文化视角出发的城市设计研究综述

2.2.1.1 国外研究综述

对于一座城市来说，空间本身只是载体，城市的真正内涵体现在其经济发展、历史文脉、文化习俗等。在近三十年内，城市设计的研究发展已从单一的空间设计逐渐多元化与复杂化，发掘城市内涵、提升城市魅力被越发关注，城市文化同样如此，城市文化策略也逐渐被所有人关注。

城市文化的研究始于 1938 年刘易斯·芒福德的《城市文化》一书，直到罗伯特·文丘里的《建筑的复杂性与矛盾性》与《向拉斯维加斯学习》城市文化与文脉逐渐成为城市文化传承与城市空间文化营造中主要的内容。到了 1980 年，奥尔特曼和切默斯出版的《文化与环境》一书中在探索城市空间与文化的同时，认为城市文化既表现在人们精神传承中，也烙印在城市的物质空间中。

到了 20 世纪末，随着全世界城市经济衰退，城市的发展在谋求新的途径，"创意城市"的概念被提出，文化成为城市发展的核心内容之一，城市历史文化资源成为城市发展的一条重要途径，文化的传承和发展在此结合，这一时期，英国城市学家彼得·霍尔出版的《城市文明》一书中，将西方城市发展分为 3 个时期：技术产业创新、文化智能创新以及文化技术创新，并提出一系列文化创新对城市发展的重要性与具体途径。

2.2.1.2 国内研究综述

我国对城市设计的研究起步较晚，同理，对于城市文化研究也是如此，进入 21 世纪后，随着城市设计逐渐被重视，城市设计的研究也向更多方向延展开来。城市文化与城市设计进行研究主要有三个方向：从地域性角度出发对城市设计进行研究与探索；对城市传统文化在当今如何延续与转译方面的研究；从资源角度出发，探究以城市文化资源为出发对城市设计进行探索等。目前来看，国内对城市文化与城市设计之间的联系的研究还处于起步阶段，理论与实践尚未成熟。

（1）对城市文化的解读与思考

2006 年，王承旭在《城市的文化解读》一文中认为，在对一座城市文化研究时，应具有统一性和系统性，以建立城市文化系统为核心，从文化活动的组织与文化空间的营造两方面入手；[①] 清华大学黄鹤通过对英国、新加坡等国的城市文化发展模式进行研究，提出以城市文化发展为核心的三种城市更新模式：结合文化设施建设的城市更新、结合文化活动举办的城市更新、结合文化产业发展的城

[①] 王承旭. 城市文化的空间解读 [J]. 规划师，2006(04)：69-72.

更新。①同时提出在发展城市文化的过程中，应思考城市文化与地域传统文化特色的关系，结合现代市民生活需求，有针对性地提供相应的文化需求。

（2）对国外城市文化更新案例的学习与借鉴

相较于对城市文化解读的研究深度，国内对国外城市文化更新案例的学习与借鉴研究较多，其中，董奇、张乃戈等学者通过对伦敦、柏林等城市的复兴案例进行研究，挖掘其发展经验，并为中国城市文化复兴与城市设计提供相应的设计思路与借鉴。

张乃戈通过对纽卡斯尔格兰吉尔老城的保护更新进行分析研究，认为城市在进行发展更新的过程中，对于城市文化的传承与发扬是必不可少的一项，同时，继承传统的同时，结合当今城市文化特点、充分考虑当下市民需求的有机开发模式是保护传承城市文化、发扬城市魅力的重要手段；②董奇通过对英国城市格拉斯哥的城市复兴进行深入的研究与分析，研究英国"文化引导"型城市的发展背景与方式，认为城市文化不仅是需要保护的城市资源，更是作为烘托提升城市文化品质形象与文化竞争力的有力武器，凸显城市文化对于城市社会、产业发展的重要性。③

2.2.2 从文化基因视角出发的城市设计研究综述

在国内外对"文化基因"与城市关系研究的基础上，近年来国内也出现了一系列以"文化基因"为研究视角对城市、历史小镇空间格局方面的研究。张鸿雁教授认为，城市本身即是人类社会文化基因在发展过程中不断衍生出来的集合体，文化基因不仅彰显一座城市过去的历史印记，还起到传承城市文化本源的重要意义。④王海宁通过对青岩镇的历史基因进行提取与分析，强调文化基因对于古镇保护的重要性的同时，提出一系列文化基因传承的方法与策略；⑤魏峰群通过分析西安城市历史发展的规律与现状的空间格局，归纳并总结城市文化基因对于西安市城市格局与城市文化气质的重要影响。⑥

综上可以看出，当前我国对于城市文化基因方面的研究主要以城市不同尺度的具体空间为主，通过对场地历史追根溯源以及对场地现状历史遗存进行分析研究，

---

① 黄鹤. 文化政策主导下的城市更新——西方城市运用文化资源促进城市发展的相关经验和启示 [J]. 国外城市规划，2006(01): 34-39.
② 张乃戈，朱韬，于立. 英国城市复兴策略的演变及"开发性保护"的产生和借鉴意义 [J]. 国际城市规划，2007(04): 11-16.
③ 董奇，戴晓玲. 英国"文化引导"型城市更新政策的实践和反思 [J]. 城市规划，2007(04): 59-64.
④ 张鸿雁. 人类城市化的"城市文化基因"与"城市社会再造文化因子"论——城市社会进化的人类学与社会学新视角 [J]. 社会科学，2003(09): 65-73.
⑤ 王海宁. 聚落形态的文化基因解析——以贵州省青岩镇为例 [J]. 规划师，2008(05): 61-65.
⑥ 魏峰群，席岳婷. 基于文化基因传承视角下的城市空间蔓延初探——以西安市为例 [J]. 城市发展研究，2012，19(07): 47-52.

寻找其文化基因的发展脉络，最终针对具体问题提出相应的以文化保护与传承为目标的解决措施。

2.2.3 从文化视角出发的街道设计研究综述

从文化视角对街道设计的研究，最为系统且全面的是 2006 年陈宇博士的论文《城市街道景观设计文化研究》，其论文中提出城市街道景观文化的概念，并通过对国内外街道历史发展脉络进行分析研究，明确街道文化研究的合理性与重要性，并将研究范围明确在城市街道景观空间中，针对当下城市景观存在的问题，以塑造传承城市文化底蕴、提升城市文化形象的街道景观为目标，提出景观再现、对比融合等一系列设计手法。①

2004 年，王颖在其硕士论文中，以城市地域文化作为切入点，针对街道景观，从感性的地域文化感知和理性的街道景观品质分析两方面进行研究，最终认为，地域文化本身具备一定的精神层面内涵，也可以反映在物质空间中，文化景观设计既可以在一定程度上反映一个城市的物质文明，也可以传承弘扬城市的精神文明。②

2008 年，刘婧怡在其硕士论文中，以文化作为要素建立街道景观品质评价体系，并以天津街道空间为例，探究提升街道人文气质、丰富街道文化层次的景观设计手法；③2012 年张晓存在其硕士论文中，提出街道"历史表情"的概念，并将其理解为历史街道景观、建筑风貌以及历史遗迹，并从宏观、中观、微观对街道空间中的"历史表情"进行分析分类，并以此来对街道的历史文化、现代气质进行保护与提升，最终提出街道设计策略。④

2.2.4 研究总结

结合文献研究，随着 20 世纪 60 年代城市设计的兴起，人们在思考城市与人的关系的同时，对城市文化的保护与发展也愈发重视，自刘易斯·芒福德的《城市文化》后，文化成为城市发展的重点；在此基础上，我国具有悠久的历史与城市文化，在城市设计的研究过程中，对于城市文化的解读成为城市设计研究的一大重点，并不断衍生出不同的研究方向，从多方位、多角度对文化与城市设计的结合进行研究与发掘。与此同时，文化基因理论，渐渐被运用在城市研究，在国内研究的主要方向是城市空间，在国内的研究还处于起步阶段；同时从文化视角对街道设计进行研究也处于起步阶段，且研究方向还较为单一，主要集中在具体街道的景观设计中，并未在街道规划设计方面有所发展。

---

① 陈宇．城市街道景观设计文化研究 [D]．东南大学，2006．
② 王颖．地域文化特色的城市街道景观设计研究 [D]．西安建筑科技大学，2004．
③ 刘婧怡．基于地域视角的街道景观文化研究 [D]．天津大学，2008．
④ 张晓存．城市街道"历史表情"的保护与传承研究 [D]．青岛理工大学，2012．

2.3 国内外街道设计导则的实践研究现状

街道设计导则作为城市设计导则以及城市交通设计中重要的组成部分，对于城市交通梳理与公共环境营造两方面起协调作用，如何平衡两者且达到共赢的专项设计指引，对于城市交通组织、城市形象塑造、市民游憩交流有重要意义。21 世纪以来，越来越多的城市开始将以人为本、人行大于车行作为城市交通发展方向，越来越多的城市也开始研究并制定城市设计导则。

2.3.1 国外街道设计导则解读

2.3.1.1《波士顿完整街道设计导则》解读

《波士顿完整街道设计导则》[1]编写于 2013 年，该导则对街道类型重新划分，分为中心区商业道路、中心区混合使用道路、居住区主要道路、居住区联通道路、居住区住宅道路、工业区道路、共享道路、公园道路和林荫大道，并对人行道、车道、道路交叉口、智慧设施四个设计对象的设计要素进行精确化指引，[2]在街道设计中统一把控设计技术手段，使街道更好地服务于人；并对街道规划设计的项目运行流程进行了严格的说明，强调公众参与对整个项目运行的重要性，以保证项目的完整性与科学性。

2.3.1.2《堪培拉城市设计导则》解读

《堪培拉城市设计导则》编写于 2003 年，采用设置安全隔离距离、安全区的安全性设计手法，并通过对不同类型的街道进行分类，包括大道、连接道路、小道，提出街道景观安全性指引，在试图维持首都开放民主的形象的同时，保障首都安全。

2.3.1.3《伦敦街道设计导则》解读

作为更好的街道（Better Street）计划的一部分，《伦敦街道设计导则》[3]于 2004 年发布，该导则以打造一个更为舒适、更具地域性特点的城市街道，打造更为和谐平等的城市出行模式，并对未来伦敦城市街道设计项目具有明确指引为目标。为了维护伦敦作为世界级一流城市的地位，街道设计的过程中必须传承原有的设计手法，在满足街道空间使用需求的同时，保证街道整体气质稳重、大方，考虑行人在街道空间中的活力，提升街道的可持续设计、精致化设计。搭建多样化的设计团队，并从项目启动、设计阶段、实施阶段以及维护与监管四个阶段构建完整的设计流程；

---

[1] Boston Complete Streets Design Guidelines[R]. www.bostoncompletestreets.org.2013.
[2] 杨慧祎. 美国波士顿完整街道理念与实践的经验总结及对我国街道设计的启示 [J]. 建筑与文化, 2017(04): 214-215.
[3] Streetscape Guidance 2009: Executive Summary A Guide to better London Streets[R]. Transport for London, 2009.

以统一形式、简洁耐用为原则，统一街道设施色彩，简化街道设施，鼓励功能整合；并根据街道区位及沿街用地属性，划分 5 种街道类型，根据不同街道类型提取街道设计要素，为后续街道的指引设计提供要素目标；提出一般性道路技术指引、街道家具设施的技术指引和由第三方提供的街道家具设施设计指引三种指引方向，以保障街道路权，保证导则实操性，同时导则也提及伦敦街道相关部门及公司所需承担的相关责任。

2.3.1.4 《爱丁堡城市设计导则》解读

《爱丁堡城市设计导则》[①] 于 2013 年发布，爱丁堡作为英国历史底蕴深厚的古城，该导则以平衡遗产保护与城市发展为目标，重点关注城市的整体发展、城市空间一体化美观度、新与旧之间的关系以及人工与自然的和谐。其研究的核心内容是爱丁堡的城市背景与设计之间的联系、城市空间一体化研究，保证美观度、建筑设计、景观以及多样性研究。

2.3.2 国内街道设计导则解读

我国在街道设计导则实践方面的研究起步较晚。2013 年底住房和城乡建设部发布了《城市步行和自行车交通系统规划导则》；2016 年《中共中央国务院关于进一步加强城市规划建设管理工作的若干意见》提出"推动发展开放便捷、尺度适宜、配套完善、邻里和谐生活街区"，树立"窄马路、密路网"的城市道路布局理念，城市中街道空间的设计与发展成为国家层面都较为关注的议题，街道设计导则作为国际认可的城市建成区街道设计指引方针，也被引入国内，受到更多学者专家关注研究。

在此基础上，我国各大城市越发重视城市街道的人性化发展，也更关注从城市尺度上统筹把控街道设计，对街道设计导则的需求也越发强烈。在此背景下，上海市于 2015 年开始编制《上海街道设计导则》，并于 2016 年发行，是我国首例城市层面的街道设计导则。2017 年 11 月，深圳市《罗湖区完整街道设计导则》发行；2018 年 1 月，北京市《北京西城街区整理城市设计导则》发行，为首都及北方城市第一部街道设计导则成果；2018 年 2 月，南京市《南京市街道设计导则（试行）》发行。自此，国内共有四座城市发布市级或区级街道设计导则。

2.3.2.1 《上海街道设计导则》解读

《上海街道设计导则》[②] 于 2016 年发行，为国内第一本街道设计导则。导则以加强城市居民对于街道设计与管理的理解与共识为目标，不仅仅针对设计，在"规建管"三方面进行系统详尽的安排指导，推动街道从传统的"设计师设计、政府管理、市

---

① Convener and Vice Convener of the Planning Committee 2013 Edinburgh Design Guidance[R]. http://www.edinburgh.gov.uk/downloads/file/2975/edinburgh_design_guidance.
② 上海市规划和国土管理局等.上海街道城市设计导则[M].上海：同济大学出版社，2016.

民使用"单一模式向"共同设计、共同维护、共同享有"的人性化模式转型。[①] 导则的研究理念以上海市为核心，充分体现上海地域气质，坚持以人为本的街道设计理念，打破传统规划明确死板的红线管控模式，以空间设计为核心，将街道本身研究范围扩展到街区层面，更关注街道与社区之间的交流联系；在技术内容层面上对既有规范、标准提出相应的补充优化建议，将活力街道塑造与街区发展相结合，抛开规划设计本身的限制，从"规划—建设—管理"一体化思考，提出积极的管理与实施策略；在工作方法层面建立开放包容的编制平台，重视公众参与、公众宣传，通过案例研究提供有力支撑，并在实践中体现导则生命力。

2.3.2.2 《北京西城街区整理城市设计导则》解读

《北京西城街区整理城市设计导则》[②]于2018年发行，该导则重点研究城市街道空间对行人的影响，对研究范围进行重新界定，将导则的研究重点限定在街道人行道部分。并针对北京市西城区历史沿革与现状，结合上位规划，将西城区分为一般建成区、历史风貌区、特色街道，针对不同分区特点，提出不同的街道要素类型，通过要素将街道拆解为空间单元，进行分类，最终通过现状空间单元的组合，实现对整个西城区街道的全覆盖，从实施的角度既有利于规划部门统一调控，也有利于设计单位参考使用。由于北京西城区属于大都市建成区，且部分街区仍保留着北京传统胡同—四合院肌理，该导则在延续以人为本的街道设计理念的基础上，强调首都安全以及历史文化的传承与新旧交融。

2.3.2.3 《南京街道设计导则（试行）》解读

《南京街道设计导则（试行）》于2018年发布，该导则提出了"以人为本，关注街道所有人群的活动而不仅是机动车通行、系统协调，关注街道网络及沿线用地协调而不仅是街道本身、空间整合，关注街道的整体空间环境而不仅仅是街道路面"的设计理念，并提出"安全有序、活力舒适、绿色生态、地方特色、集约高效、信息智慧"的设计目标。[③] 同时，该导则将研究范围从街道层面本身上升到街区层面，针对不同类型的街区，研究街区内部街道职能，合理控制街区街道网络密度，从尺度、功能、公共空间等方面探讨街区空间设计。在此基础上，针对具体的街道构成要素分项研究，提出相应的设计导引。

2.3.3 国内外街道设计导则编制的异同

通过对国内外部分有代表性的街道设计导则的解读与研究，可以看出，街道设

---

① 葛岩，唐雯.城市街道设计导则的编制探索——以《上海市街道设计导则》为例[J].上海城市规划，2017(01)：9-16.
② 北京市规划和国土资源管理委员会规划西城分局，北京建筑大学建筑与城市规划学院.北京西城街区整理城市设计导则[M].北京：中国建筑工业出版社.2018.
③ 南京：发布街道设计导则[J].城市规划，2017，41(03)：7.

计导则在编制过程中，存在一些共同点与不同点。

2.3.3.1 街道设计导则编制的共同点

在编制理念与目标上，各个导则都将行人在街道上的空间体验作为研究重点，都提出了回归以人为本的街道的设计理念，并将"人行＞车行"作为导则编制的目标。在编制原则上，各个导则在规划基础上，既对街道空间进行精细化设计，也为后期具体街道设计提供充分的设计空间，以求为城市街道设计提供相对明确的设计方向，整体把控城市街道风貌；在编制方法上，各个导则都针对各城市自身背景基础上，提出街道分类、街道空间构成要素分类，并在各自的分类基础上，从街道要素的角度进行精细化导引。

2.3.3.2 街道设计导则编制的不同点

在街道空间研究范围上，部分国家街道设计导则的街道空间研究范围还包括机动车道与非机动车道，如《伦敦街道设计导则》中就提出自行车专用道的概念，将自行车道分为强制自行车专用道和建议自行车道；而《北京西城街区整理城市设计导则》的街道空间研究范围为人行道及沿街建筑立面，机动车道与非机动车道不在研究范围内。街道分类模式也各有不同，《上海街道设计导则》以街道性质为分类标准，而《北京街道更新治理城市设计导则》则以街道空间类型单元来分类，完整街道由不同街道空间单元组合而成。导则研究的侧重点也各有不同，《堪培拉城市设计导则》与《北京西城街区整理城市设计导则》由于其研究城市皆为首都，在总则部分将城市安全作为导则重点内容提出；而其他城市导则，例如《波士顿完整街道设计导则》《爱丁堡城市设计导则》《上海街道设计导则》《南京街道设计导则（试行）》都没有重点提及城市安全的问题。

2.4 小结

本书针对基本概念——街道设计进行文献研究，通过对国内外的研究，认为街道设计的研究主要围绕着以人为本的街道设计核心，探讨现代城市街道空间的人性化、宜居性、场所性等，主要研究对象为城市街道空间。同样，国内近年来的论文期刊中，也以街道空间的人性化为主，以此来探究街道空间的分类模式、城市街道的风貌研究等。

在街道设计研究基础上，本书重点研究对象为"街道设计导则"，对国内外具有代表性、受广泛认可的不同城市街道设计导则进行分别解读，得出街道设计导则在探索与编制过程中的共同点，并对各个导则的不同点进行分析，街道设计导则研究的核心有三点：其一，导则编制的理念目标与研究侧重点，街道设计导则研究的本质是为了从城市层面或者城区层面系统地解决城市街道空间与城市、行人之间的关系，最终以达到城市街道空间宜人化，步行舒适等，不同城市在编制导则过程中，也应该结合各城市自身历史与现状因素，考虑城市在国家层面上的定位，在导则自身的理念的基础上，有各自的特点与切入点；其二，街道空间分类与街道构成要素，不同城市的街道设计导则，其街道空间分类方法与街道构成要素确定都不尽相同，对现状街道空间的分类标准不同，直接决定了导引的方向，城市街道各不相同，街道类型的研究方法既可以对城市街道整体统一研究，而且好的街道分类标准还可以从城市层面统一高效地把控城市街道的规划与设计；其三，"规划＋建设＋管理"一体化的研究模式，街道设计导则有别于规划与设计，在于其研究范围与深度要高于城市规划本身，与设计本身的区别在于导则还应该提供足够的设计空间，因此，"规划＋建设＋管理"的模式有利于街道设计导则的运行，对各个部门的职能要求也有利于多部门协同合作，能够摆脱设计本身，从更多层面更好地解决城市街道空间的现状问题，并为城市街道未来发展提供更为现实严谨的规划与构想。

  在街道设计的理论研究与街道设计导则的实践研究之后，本书从"文化基因"的视角出发，探讨文化在城市设计与街道设计的研究情况，国内外学者在文化方面的主要研究对象是城市设计，从文化角度出发的城市街道设计研究还处于起步阶段。

第 3 章 首都核心区街道文化基因提取与解析

3.1 首都核心区街道历史文化沿革

北京作为国家首都,是一座具有三千年建城史、八百年建都史的历史古城。[①] 在这座城市中不仅保留大量元明清三朝的珍贵历史遗存,也保留了中国传统城市的城市格局与脉络。从最早的蓟城到现在的北京,这座城市经历了无数的发展与演变。

3.1.1 1949 年以前的北京城

北京地区地处燕山山脉与太行山脉交汇处,自古以来便是中原和北方少数部族之间军事、经济、文化交流的重要通道,由此北京逐渐成为重要交通枢纽与商业文化中心。北京地区周边最早出现的城市是蓟城,元大都时期,北京的城市骨架基本形成,大尺度下的"方格网"街道布局形成,小尺度下道路自由延伸,与此同时,沿街出现店铺等业态活动,街区从封闭转向开放,城市居民活动交流频繁。明清时期,街道逐渐成为市民生活、商业、文化交流的主要空间场所,街区内街道空间进一步划分,整个城市道路布局呈现一种规则中包含自由的空间状态,胡同在这一时期逐渐增加,主要街道路口开始出现牌楼,街道伴随着城市水系,市井文化异常丰富。民国时期,城市主要街道的格局逐渐打开,铁路的修建提高了城市的活力,街道拓宽强化了城市次要轴线,城市主要路网形成,主要大街栽种行道树,形成林荫道,街道绿化也不断丰富,市民街市活动洋溢着浓厚的地方风情。

3.1.2 1949~1978 年的北京城

这个时期北京城的城市公共空间逐渐从封闭走向开放,城市交通系统、基础设施建设均有较大发展,街道空间中的诸多景观构筑物被清理,街道被拓宽并重新规划,原有"四合院+窄胡同"的模式随着城市道路功能的改变发生变化,"居民区+宽马路"的城市格局逐渐出现。

3.1.3 1978 年至今的北京

改革开放后,北京的城市建设发展迎来重要的历史转折,1978 年后,北京的城

[①] 黄鹤,唐燕. 文化产业政策对北京城市发展的影响分析 [J]. 国际城市规划,2012,27(03):70-74.

市建设飞速发展，高速公路不断出现，北京的城市规模快速拓展，机动车道路交通系统不断完善。由于环路的不断发展，北京老城的胡同街巷空间也发生了一定的转变。城市的街道空间肌理逐渐转化为"宽马路+窄胡同""方盒子+自由街区"的风格。同时，不断编制的系列规划也越发重视老城的城市空间保护，老城的保护范围不断扩展，老城的传统风貌与格局得到重点保护。

3.1.4 北京城街道的发展演变

根据历史地图、文字照片资料，明清时期北京老城中街巷与胡同是最主要的公共空间，以行人为主，肌理风貌规整。局部空间放大，形成节点。牌楼、牌坊等构筑物作为对景，丰富了空间秩序感与序列关系。

改革开放以来，街道的交通属性日益强化，传统街道空间尺度被扩大，丰富的序列被打破[①]（图3-1~图3-4）。

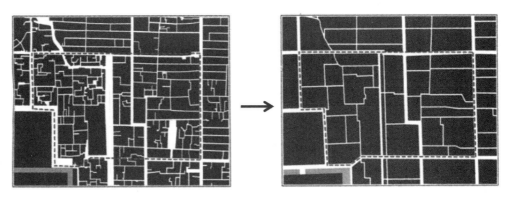

图3-1 景山街道肌理演变图
（图片来源：《西城街区整理街道设计导则》，笔者改绘）

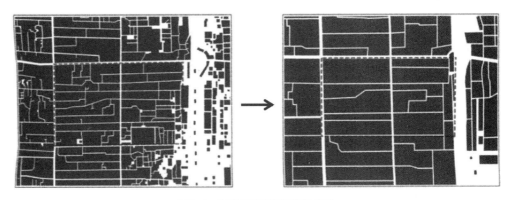

图3-2 朝阳门街道肌理演变图
（图片来源：《西城街区整理街道设计导则》，笔者改绘）

---

① 商谦. 当代北京旧城地下空间研究 [D]. 清华大学, 2015.

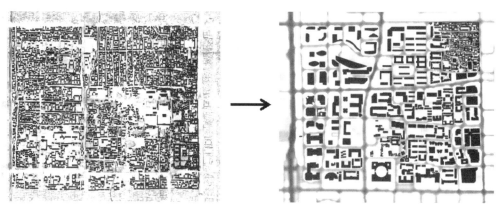

图3-3 金融街街道肌理演变图
（图片来源：《西城街区整理街道设计导则》，笔者改绘）

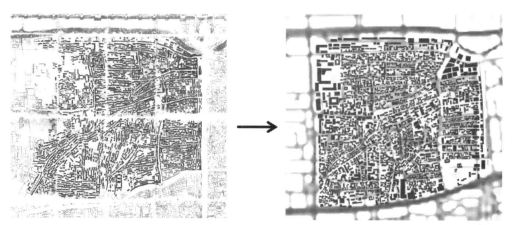

图3-4 大栅栏街道肌理演变图
（图片来源：《西城街区整理街道设计导则》，笔者改绘）

3.1.4.1 1949年前的北京城

经历了六朝古都的历史长河，北京形成了一座蕴含着厚重传统礼制与丰富营建智慧的历史文化古城。城市街道文化丰富、市井风情浓郁、历史记忆浓厚，街道空间逐渐成为市民集会、商业、生活、民俗文化交流的重要载体。

3.1.4.2 1949~1978年的北京城

这一时期的北京城市进入高速发展的阶段，传统的街道空间与交通模式受到一定程度的冲击，传统街道空间格局发生改变，街道空间的形式，街道空间作为历史文化、市民交流活动的载体受到了新模式的冲击，许多历史性、文化性街道空间在时代背景更迭下被遗忘和废弃。

3.1.4.3 1978年至今的北京城

北京的城市街道环境走向"宽马路＋窄胡同""方盒子＋自由街区"的发展。老城胡同的风貌也发生了很大的变化。规划方面也将整体保护老城风貌与文脉作为重点。

3.2 文化基因在街道空间上的分类与确定原则

3.2.1 文化基因的分类研究

对于街道文化基因的分类，根据分类依据的不同，分两种。其一，按物质形态划分，可以分为街道显性文化基因和街道隐性文化基因；其二，按属性划分，根据其在街道空间中对整体文化风貌的重要性和组成部分，可以分为主体基因和附着基因等。[①]

3.2.1.1 按物质形态分类

通过对文化基因在街道空间所呈现出的表现形式，分为街道显性文化基因和街道隐性文化基因。

显性文化基因作为街道空间中最为常见的文化基因类型，依托于街道空间中客观存在的物质实体本身而存在，人可以通过最为直观简单的方式感知到，因此对于历史文化的表现力也相对最强。由于显性文化基因依托实体而生，因此地域性对于其影响较大，不同地理区位造就不同特点的文化，这些特征都可以在显性文化基因中直观表现出来。首都核心区街道的显性基因的载体包括文化遗产、历史载体、街巷空间、沿街建筑风貌及配饰、历史景观及小品等。

相比显性文化基因的外显性与地域性等特点，隐性文化基因的表现方式更为含蓄，其以时间为主要发展脉络，即随着长时间的历史发展，民俗文化、历史人文等非物质的精神文化伴随人的口口相传发展至今。与具有明确物质实体载体的显性文化基因不同，隐性文化基因更为抽象，也无明确实体载体依托，但其可与某些特定的物质实体结合，进而呈现一种更为明晰的文化表现。首都核心区街道的隐性基因载体包括非物质文化遗产、民俗文化传承等。

显性文化基因与隐性文化基因依附载体不同，二者分别依托于空间与时间，对街道历史与民俗文化进行传承与延续。

3.2.1.2 按自身属性分类

文化基因的属性指文化基因的影响力，即街道中是否拥有在整体文化风貌中占主导地位的文化基因，这些文化基因对街道空间甚至整个街区都会产生不同程度的文化影响。根据是否占据主导地位，可将街道文化基因分为街道主体基因与街道附着基因。

主体基因，它是街道的重要基因，对该街道的文化特性起决定性作用。它是整个城市文化谱系形成和生长的根本。例如西安在盛唐时期形成了具有明确政治意味的里坊制城市格局，其棋盘格的道路形式仍延续到今天。故棋盘格这一文化

---
① 陈虓.文化基因视角下的小雁塔历史文化片区保护与利用研究[D].西安建筑科技大学，2018.

基因也成为西安市街道中最具有代表性的地域主体基因之一。而首都核心区在历史的发展中形成了蕴含厚重传统礼制与丰富营建智慧的历史文化，其中北京老城的诸多历史名人故居、老城城市天际线、城市重要的景观视廊等皆成为北京具有代表性和知名度的街道文化基因，也是首都核心区中的最重要、影响力最大的街道文化基因。

附着基因，它是存在于空间实体上的某类特定的遗传形式，也能够明确体现街道的文化风貌与特点。北京首都核心区是北京老城历史文化的最重要的文化聚集区，三千多年的历史长河为这座城市保留了大量的历史信息。其中胡同两侧的传统建筑、街道旁的古井古树名木、街道空间曾发生的历史故事人们口口相传的历史传说，这些因素本身虽无法对整个街道的文化气质起引导作用，但也牢牢控制着街道的文化底蕴与气质，同时也是首都核心区街道文化基因体系的重要组成部分。这样的附着性文化基因在首都核心区中很常见，多属于非物质类的文化基因，有较强的故事性。

上述可知，文化基因的影响力决定其在街道空间中的重要性，更是街道文化基因分级与构建文化基因谱系的重要依据。因此，主体基因作为街道影响力最广、最为重要的文化基因，其奠定了街道甚至街区的文化气质；附着基因则在此基础上进一步提升街道空间本身的文化特点与文化识别度。

3.2.2 文化基因的确定原则

对街道文化基因的深入研究与发掘对于首都核心区街道空间文化内涵的提升与街道历史文化气质的展示都有着重要的意义。但是，街道空间的文化基因本身并不是仅仅指那些可以被直观感受到的文化元素，在此基础上，还包括宗教、风俗等精神层面的内在文化内涵。

通常来讲，街道的文化基因可以从内部协调性、外在统一性、局部唯一性和总体优势性四个方面进行考虑[①]。内部协调性指街道空间本身具有不同于其他街道的内在文化特点，例如菜市口、西单大街的历史商业文化属性。外在唯一性指街道空间中异于其他街道的外在文化特点，例如北京老城独特的城市格局与建筑风貌。局部唯一性指街道空间中的某一类要素是其他街道并不具备的独特特点，例如东交民巷沿街建筑风貌异于北京城的传统建筑风貌，这是由于历史发展过程决定的。总体优势性指街道空间中的某一些文化要素在整个街区、片区中都有相同或相似的体现，这些相似的元素使得整个街区片区在一定程度上具有相同的风貌与格局，故此类型的文化要素更为重要，例如核心区的胡同的街道尺度与形式，胡同沿街传统建筑的第五立面、天际线等。

---

① 陈虓. 文化基因视角下的小雁塔历史文化片区保护与利用研究[D]. 西安建筑科技大学，2018.

3.3 街道文化基因的识别与提取研究

3.3.1 文化基因的识别方法

通过现状调研与类比研究，我们可以发现，文化基因的提取与研究即是在街道空间对街道中具有一定文化影响作用的空间要素进行提取，并根据其不同性质与特征对其进行分级分类研究，分析其历史文化价值以及对于街道文化风貌的影响，并得到基本的街道文化载体，通过对文化载体的分级分类研究，最终构建街道空间的文化基因谱系。

3.3.2 文化基因的提取步骤

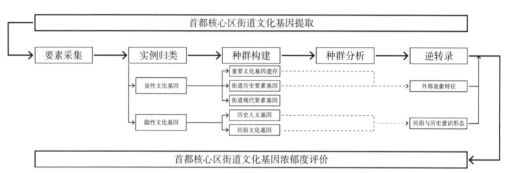

图3-5 首都核心区街道文化基因的提取步骤
（图片来源：文化基因视角下的小雁塔历史文化片区保护与利用研究，笔者改绘）

3.3.2.1 要素采集

在收集街道空间的各类要素时，应尽可能多的收集各种街道要素实例，以保证要素采集结果的丰富与多样。在首都核心区街道调研初期，通过文献＋调研的方式，全面提取首都核心区街道空间中的文化要素，并且按照类别进行分类整理，包括文化遗产、非物质文化遗产、历史载体、街巷空间、建筑立面屋面、建筑配饰、历史景观及小品、文化历史传说、文化事件、老街巷名等，尽可能完整的收集反映整个首都核心区街道全貌与文化风貌。

3.3.2.2 实例归类

在历史文化片区、历史街区中，文化基因按照文化元素的形式和上下级的某些联系可分为主类、亚类、次亚类三种层次，[①] 以其载体的空间形式与文化基因影响力为分类依据，对首都核心区街道文化基因进行分类分级，可将街道内收集并

---

① 王西涛，刘飞飞，邵娟. 历史街区文化基因提取与基因库构建[J]. 重庆科技学院学报（社会科学版），2014(05)：102-106.

初步整理的文化基因分为两类。其中第一类具有明显的物质实体载体,在街道中可以被人直观感受到,这类具有明显的外显性特征的街道文化基因对街道的物质文化层面具有重要的影响,例如物质文化遗产、沿街传统建筑、历史景观等。相反,第二类并不具有明显的物质实体载体,其以历史故事、民俗传承为依托存在于街道精神文化中,这类隐性的街道文化基因对街道精神文化塑造具有重要作用,例如宗教、习俗等。

3.3.2.3 种群构建

实例种群是由相同类型元素所组成的集合。[①]首都核心区内街道的文化基因种群主要分为物质性文化基因种群和精神性文化基因种群两大类。前者包括历史遗存、文化载体等体现街道文化底蕴的物质遗存。后者包括历史故事、风俗民情等非物质文化传承载体。二者具有比较明显的区别,但也相互影响,相互依存。

3.3.2.4 种群分析

种群分析指对街道空间中的文化基因种群进行分析与研究,探寻种群中文化基因的共同特征,并进行归纳与总结。通过研究发现,首都功能核心区街道文化基因谱系可以分为外显文化和内隐文化两类。

对于首都核心区街道的历史文化元素而言,外显文化是文化在历史发展中形成的实体表现载体,其直观清晰地表现出过去的文化规律及时间所保留的印记。而内隐文化则以精神传承作为延续方式,反映过去的一系列人文思想与活动。二者皆以其不同的方式诠释过去的时代印记与故事,但是,从遗传方式来看,相比外显文化,内隐文化更含蓄;而诠释主体也有所不同,外显文化的诠释主体尺度更广,更多表现不同时期的整体历史印记;而内隐文化更人文化,以市井生活的点点滴滴为诠释主体,更琐碎,但也更具人情味。总体来说,首都核心区街道空间的外显文化和内隐文化在其空间性质、表现方式、挖掘提升方式等方面都有明显的不同。

3.3.2.5 逆转录

文化基因的核心是价值,它具有与 DNA 相同的传承与稳定特性,街道或者更大尺度范围的文化基因谱系由物质遗产与历史印记等外部表象和意识形态、生产生活方式等内在传统所构成。北京首都核心区包含大量重要的历史遗存,记载着历史的印记以及记录着过去的故事与生活,如白塔寺、史家胡同的历史故事和西什库大街的宗教文化等,它们是首都核心区街道外显文化与内隐文化的集合。因此,北京首都核心区中的外显文化,以其直观清晰的文化传达能力,作为文化提升的主要载体。综合来说,北京首都核心区街道文化风貌的空间表现为显性文化基因,意识形态与生产生活等街道精神文化为隐性文化基因,而显性文化基因应作为街道空间中的主体基因。

---

① 陈虓. 文化基因视角下的小雁塔历史文化片区保护与利用研究 [D]. 西安建筑科技大学, 2018.

3.4 街道文化基因解析研究

3.4.1 街道文化基因解析模式

基于对首都核心区街道文化基因的空间属性与影响程度的研究，本文将核心区街道空间文化基因按照物质形态分为显性文化基因与隐性文化基因两类，并从分结构、分层次的角度对各类基因进行解析，提出针对核心区街道空间的基因解析模式。其中显性文化基因包括重要历史文化遗存、街道历史要素以及街道现代要素等物质文化基因，隐性文化基因包括历史人文精神、传统民俗文化等非物质文化基因（表3-1）。

首都核心区街道文化基因谱系　　　　　　　　　　表3-1

	文化基因一级分类	文化基因二级分类	
	物质形态分类	自身属性分类	
北京首都核心区文化基因谱系	显性文化基因	主体基因	重要历史文化遗存
		附着基因	街道历史要素基因
			街道现代要素基因
	隐性文化基因	主体基因	历史人文基因
		附着基因	民俗文化基因

3.4.2 街道显性文化基因解析

3.4.2.1 重要历史文化遗存解析

重要历史文化遗存对于首都核心区街道文化基因来说，具有根本的意义，其本身可以对街道及更高尺度甚至北京市尺度的文化氛围产生巨大的影响（表3-2）。

重要历史文化遗存分级解析　　　　　　　　　　表3-2

一级文化基因	二级文化基因	三级文化基因
重要历史文化遗存	物质文化遗产	
	重要历史载体	
	老街巷名	
	景观视廊	
	天际线	

（1）物质文化遗产：即传统意义上的文化遗产，根据《保护世界文化和自然遗产公约》，包括历史文物、历史建筑、人类文化遗址。[1]北京首都核心区内收录于世

---

[1] 严巍.济宁市曲阜、邹城文化片区文化遗产的关联性研究[D].西安建筑科技大学，2010.

界文化遗产名录的世界文化遗产仅有故宫和天坛。

（2）重要历史载体：从属于全国重点文物保护单位（第一批到第七批）、北京市文物保护单位（第一批~第七批）中梳理了世界遗产、北京中心城内的文物保护单位、优秀近现代建筑、文物普查项及历史建筑。其中国家级文物保护单位77处，市级文物保护单位140处，区级文物保护单位129处。[①]

（3）老街巷名：北京四朝为少数民族政权，所以在历史发展中，街巷名称很多都保留多民族融合的痕迹。老街巷名的形成是多方文化碰撞的产物，其形成原因众多[②]（表3-3）。

北京老街巷名由来　　　　　　　　　　　　　表3-3

名称由来	具体内容	案例
水文地形	因山水地貌、景物而命名的街道地名	滨海胡同、水关胡同、后海胡同
民族融合	因民族语言交融，或谐音或本意命名的街道地名	麻状元胡同、褡裢胡同、沙拉胡同
移民历史	因迁都移民，以外省县地名命名的街道地名	苏州胡同、山西营、镇江胡同
世俗文化	因街巷的环境、形状、居民身份命名的街道地名	何纸马胡同、烟袋斜街、蝇子胡同
姓氏宗族	因姓而名的街道地名	史家胡同、张自忠路、育芳胡同
思想观念	因统治者政治理想、老百姓生活愿望、道德观念和审美意趣命名的街道地名	长安街、聚贤里、德兴街

（4）景观视廊：《北京城市总体规划（2016年—2035年）》中明确的首都核心区内共9条景观视廊，包括银锭观山、（钟）鼓楼至德胜门、（钟）鼓楼至北海白塔、景山至（钟）鼓楼、景山至北海（白塔）、景山经故宫和前门至永定门、正阳门城楼、正阳门箭楼至天坛祈年殿、天坛至前门箭楼、天坛至永定门。[③]

（5）天际线：北京老城天际线平缓有序，延续传统肌理，把控城市天际线是彰显北京老城传统城市气质、传承传统城市文化的重要内容。

3.4.2.2 街道历史要素基因

街道历史要素基因在首都核心区街道空间中覆盖范围较广，涵盖内容也较多。其本身虽无重要历史文化遗存对街道文化底蕴影响力大，但其对于街道的历史风貌、文化气质产生很大程度的影响（表3-4）。

（1）胡同：胡同一词来自蒙语，指的是类似街巷、里弄一样的街道，在保持原有的交通功能的同时，又具有人文交流等属性，其本身也具有很高的历史文化价值。北京胡同数量多如牛毛。《北京胡同志》一书中指出，截止到2003年底，属于北京

[①] 中国法院网 https://www.chinacourt.org/law/detail/2002/01/id/7.
[②] 唐黎标. 北京地名与地域文化[J]. 中国地名, 2017(10): 20-21.
[③] 蔡青. 城市设计的艺术属性研究[D]. 天津大学, 2016.

街道历史要素基因分级解析　　　　表 3-4

一级文化基因	二级文化基因	三级文化基因			
街道历史要素基因	胡同空间				
	建筑立面	立面色彩	建筑墙体	檐口	墙帽
		传统门楼	油漆彩画	外立面门窗	台明、台阶与散水
	建筑配饰	构筑物与装饰构件			
	历史景观	古井	牌楼	古树名木	近代车站

老城的东、西、文、武四区共存胡同 1928 条。① 刘保全的《北京胡同》记载了 2003 年北京胡同数量为 1559 条，较 1949 年减少了 49%。② 本文的胡同特指首都核心区中不具有现代交通断面、空间尺度及风格仍保留较高传统风貌的街道。

（2）建筑立面：首都核心区中，不仅包含着大量的胡同，还保存着相当数量的传统建筑。对于街道空间的整体风貌来说，沿街建筑的建筑风格、尺度、材料等要素对于街道文化气质影响巨大，首都核心区街道中具有历史文化要素的建筑立面基因，多存在于立面色彩、墙体、檐口、墙帽、传统门楼、油漆彩画、外立面门窗、台明、台阶和散水等。

（3）建筑屋面：首都核心区中具有历史要素的沿街建筑多为北方传统民居，其屋顶形式有坡顶和平顶两种；除去沿街建筑屋面形式以外，还应更多关注胡同第五立面，包括建筑屋面、景观小品及绿化、街区建筑屋顶的组合方式以及与周围环境的融合所形成的综合风貌等。

（4）建筑配饰：建筑配饰特指街道空间沿街建筑所配的一系列装饰物与配饰，例如下马石、抱鼓石、石狮等。

（5）历史景观：首都核心区街道中的历史景观遗存主要指具有较高历史文化价值的景观遗存，具体有古井、古树名木、牌楼、影壁、桥（例：银锭桥）等。

3.4.2.3 街道现代要素基因

街道现代要素也是北京首都核心区街道文化基因体系中的一部分，在北京街道发展过程中出现时间较晚，现状本身所包含的历史文化内涵较前两点来说较少，但是现代要素基因可作为首都核心区街道历史文化气质提升的重要媒介（表 3-5）。

（1）现代街道：首都核心区中除了胡同之外，还有一部分具有现代交通规划断面的街道，这类街道也保存一定的历史印记。

（2）建筑立面：特指首都核心区内近当代建设的沿街建筑，建筑本身并无传统文化烙印，具体因子有建筑墙体色彩与材料、外立面门窗、台明台阶和散水等。

（3）建筑配饰：特指首都核心区中沿街建筑立面搭设的现代设施。具体有旗杆座、雨棚和雨搭、卷帘门和防盗设施等。

---

① 魏霞. 夕阳下的胡同——以北京市东城区某社区为例 [D]. 中央民族大学，2011.
② 李坤. 近现代北京胡同的历史变迁及其文化价值 [D]. 吉林大学，2009.

街道现代要素基因分级解析 表 3-5

一级文化基因	二级文化基因	三级文化基因		
	现代街道			
街道现代要素基因	建筑立面	墙体	外立面门窗	台明、台阶与散水
	建筑配饰	旗杆座	雨棚和雨搭	卷帘门和防盗设施
	城市雕塑与布品	城市雕塑	公用电话亭和邮箱	家具艺术标识
		垃圾桶和果皮箱	地面铺装	公共座椅与城市小品
	街道标识	门牌和街巷牌	牌匾标识	文物标识
		历史资源说明牌	步行者导向牌	
	街道绿化	隔离绿化带	行道树	垂直绿化
		开墙透绿	种植箱	
	交通设施	自行车停放区	护围栏	停车泊位
		阻车装置	交通标志	无障碍设施	车站
	市政设施	市政箱体	市政井盖	弱电架空线	强电架空线
		临时围挡	智能化终端设备	
	照明	基础照明	装饰照明	

（4）城市雕塑与布品：特指首都核心区中沿街安置的一系列城市文化雕塑、公共设施与小品设施等。具体有城市雕塑、公用电话亭和邮箱、家具艺术标识、垃圾桶和果皮箱、地面铺装、公共座椅、城市小品等。

（5）街道标识：特指首都核心区中沿街安置的一系列指引标识。具体有门牌和街巷牌、牌匾标识、文物标识、历史资源说明牌、步行者导向牌等。

（6）街道绿化：特指首都核心区中沿街设计的一系列景观绿化。具体因子有隔离绿化带、行道树、垂直绿化（开墙透绿）、种植箱等。

（7）交通设施：特指首都核心区街道中安置的一系列具有明确交通功能的市政设施。具体有自行车停放区、护围栏、停车泊位、阻车装置、交通标志、无障碍设施、车站（公交车站、地铁站出站口等）。

（8）市政设施：特指首都核心区街道上安置的各种市政设施。市政箱体、市政井盖、弱电架空线、强电架空线、临时围挡、智能化终端设备等。

（9）照明：特指首都核心区街道的现代照明设施。包括基础照明和装饰照明。

3.4.3 街道隐性文化基因解析

首都核心区街道空间的历史文化内涵，不仅仅体现在古朴的胡同、传统的建筑上，还保留在传统手艺，历史故事等非物质载体中。这些非物质载体同样在某些方面对街道的文化底蕴产生一定的影响，对提升街道文化内涵具有很重要的意义。街道隐性文化基因可分为两部分：历史人文基因与民俗文化基因。

3.4.3.1 历史人文基因解析

历史人文基因是首都核心区街道隐性文化基因谱系中最主要的一环,是谱系建立的根基,也是当下最受关注的一环(表 3-6)。

历史人文基因分级解析　　　　　　　　　　　　　　　　　表 3-6

一级文化基因	二级文化基因	三级文化基因
历史人文基因	非物质文化遗产	
	历史沿革	
	文化历史传说	
	历史人物	

（1）非物质文化遗产:特指首都核心区中由群体、团体、个人被视为文化遗产的各种实践、表演、表现形式、知识体系和技能及其有关的工具、实物、工艺品和文化场所。① 例如白塔寺、天桥中幡、厂甸庙会等。

（2）历史沿革:特指经历一定历史时期的街道、建筑或场地的发展和变化。

（3）文化历史传说:特指首都核心区中具有承载着从古至今,不是真实的人或事,并非历史记录的,人民群众艺术创作的故事的街巷。

（4）历史人物:特指在特定的环境下,对人类历史发展产生深远影响的、对社会、文化产生影响的、具有引领作用的人物。他们对历史的发展产生了不可估量的作用。这些人的生平故事对街道文化产生一定的影响。

3.4.3.2 民俗文化基因解析

民俗文化产生于民间,在历史发展中经过无数代人不断完善修正,保留至今,对民俗文化浓郁的空间进行妥善保护与有机传承也是保护提升首都核心区文化基因谱系中重要一部分(表 3-7)。

民俗文化基因分级解析　　　　　　　　　　　　　　　　　表 3-7

一级文化基因	二级文化基因	三级文化基因
民俗文化基因	民俗传承	
	文化事件	
	文化活动	
	民族宗教文化	

（1）民俗传承:特指举办民族文化与民俗文化活动的场所空间。民俗传承是一个民族文化发展过程中产生的重要准则与传统,是强化民族性格、增进友谊的重要精神载体。首都核心区的民俗传承地点有鲜鱼口、天桥等。

---

① 严巍.济宁市曲阜,邹城文化片区文化遗产的关联性研究[D].西安建筑科技大学,2010.

（2）文化事件：进行过具有重大意义的、颇具影响力的社会话题、社会活动的文化场所。例如：天安门广场、五四大街等。

（3）文化活动：由专业文化团体自发承办的、民间团体或是政府文化相关部门组织的活动形式，包括纪念文化、风俗文化、历史文化等。例如文化广场、婚礼广场、美术馆西街、展览馆路等。

（4）民族宗教文化：特指针对某一民族在发展历程中形成的衣食住行等物质文化与艺术宗教哲学等精神文化活动场所。首都核心区的民族宗教文化场所有牛街回族礼拜、南堂礼拜等。

3.5 小结

不同街道的历史文化基因，应不同于其他街道，以保证其独特性与可识别性。如果能找到不同街道空间的文化基因，即可搭建街道空间中的文化基因谱系，以此为研究基础，深入挖掘街道的深层文化内涵，为后续街道设计提供研究基础。

本书以内在唯一性、外在唯一性、局部唯一性和总体优势性为文化基因提取原则，将文化基因分为街道显性文化基因和街道隐性文化基因两种，构建首都核心区街道空间的文化基因谱系图：① 显性文化基因，主要体现在重要历史文化遗存、街道历史要素基因与街道现代要素基因三个方面，重要历史文化遗存特指首都核心区内对街道、街区的文化氛围起到重要的作用的文化基因；街道历史要素基因是街道空间中包含历史文化要素、对街道文化氛围起到一定影响力的基因，这些基因主要集中在老城街道空间中，以胡同为主；街道现代要素基因主要指首都核心区中具有现代街道风貌特点的街道构成要素，主要集中在核心区内老城外的街道；② 隐性文化基因，主要体现在北京首都核心区街道空间在历史发展中所形成的历史人文以及民俗文化等精神文化遗存。

首都核心区内的街道，历史文化底蕴深厚，而且在不同的街巷中各有不同的体现。文化基因的保护与传承不仅是针对不可移动文物，更重要的是街巷空间中的整体风貌与细节。对于遗存的文化基因进行保护恢复，文化基因相对浓郁的街道进行整理和文化修复、对已具有现代气质的街道运用艺术化的手法合理提升文化气质，将是合理保护传承街道原有历史气息，提升街道文化风貌的方法与途径。

第4章 基于文化基因浓郁度的首都核心区街道评价与分类

4.1 街道文化基因权重评价体系构建

4.1.1 文化基因权重评价体系构建原则

4.1.1.1 系统性原则

首都核心区街道文化基因权重评价体系的构建应以围绕评价目标、评价项目、评价因子展开,对街道文化基因的权重进行客观评价与价值判断,评价过程应尽可能覆盖文化基因的影响范围、自身价值、当下保护发展情况等多方面。

4.1.1.2 客观性原则

评价本身是不同主体意识对客观事实的认知,本身就具有一定主观性。在评价过程中应尽可能保证评价指标的完整与客观,采取多方评价方法,参考不同意见,努力做到客观性与主观性的平衡。

4.1.1.3 独立性原则

首都核心区街道文化基因权重评价体系是一个有机体,其评价内容应层级明确,相互独立。只有如此,才能提出明晰的评价项目体系。

4.1.1.4 可行性原则

评价体系的建立也应充分考虑现实性,既可便捷操作,又方便统计,客观落地。指标体系的确定不应烦琐,应简单易懂,客观结果可精确计算统计,主观价值判断可采用访谈、问卷等多种方式。

4.1.2 文化基因权重的评价方法

明确首都核心区文化基因评价因子后,需要对因子权重进行系统严谨的整合分权,以便得出客观准确的评价指标。因此,本文结合定性分析的德尔菲法与定性定量结合的层次分析法共同分析得出首都核心区文化基因的权重结果。

4.1.2.1 定性分析方法——德尔菲法

德尔菲法(Delphi Method),也称为专家调查法,由美国兰德公司创立以来,在主观性较强的研究领域得到大量应用,效果颇丰。[1] 其具体内容是以问卷的形式

---

[1] 施芳红,顾智淳,崔敏.德尔菲法在药学领域中的应用概述[J].中国药师,2016,19(05):985-987.

对预先确定的专家组进行意见征求，并经过多轮复核，最终达到目标。由于德尔菲法在所有评价体系中，其主观性较强，技术要求相对较低，对于数据精确度以及计算机设施的要求也最低，因此主要适用于较为长期性的预测，最适合解决一些有定性关系以及具有很强不稳定性因子的复杂问题。利用该方法，可拟定出相应的首都核心区街道文化基因权重分级，进而得出相应的街道文化基因评价体系。

4.1.2.2 定量定性结合方法——层次分析法（AHP法）

由于定性的研究方法无法精准科学解决数据问题，因此需要采用层次分析法，使问卷的各项结果能够便于进行数据处理，以取得更为科学客观的数据结果。层次分析法可以将主观判断数据运用客观的数学模型计算与处理，并在过程中不断纠正原始数据，可以说是一种定性与定量结合的判断方法。层次分析法的基本逻辑是通过两两互相判断进而达到整体比较的目的。假定对某一目标 q，各影响因素 $P_i=(i=1, 2, \cdots, n)$ 的重要性分别为 W_i（设 $W_i>0$，$\sum W_i=1$），则 $q=\sum W_i P_i$。若将 W_i 两两比较可构成判断矩阵：

$$A = \begin{vmatrix} W_1/W_1 & W_1/W_2 & \cdots & W_1/W_n \\ W_2/W_1 & W_2/W_2 & \cdots & W_2/W_n \\ \vdots & \vdots & \vdots & \vdots \\ W_n/W_1 & W_n/W_2 & \cdots & W_n/W_n \end{vmatrix} = (a_{ij}) n \times n \quad (4-1)$$

其中满足：$a_{ii}=1$；$a_{ji}=1/a_{ij}$；$a_{ij}=a_{ik}/a_{jk}$（称判断矩形阵的完全一致性）；$i, j, k=1, 2, \cdots, n$。

$$\text{且有 } AW = \begin{vmatrix} W_1/W_1 & W_1/W_2 & \cdots & W_1/W_n \\ W_2/W_1 & W_2/W_2 & \cdots & W_2/W_n \\ \vdots & \vdots & \vdots & \vdots \\ W_n/W_1 & W_n/W_2 & \cdots & W_n/W_n \end{vmatrix} \begin{vmatrix} W_1 \\ W_2 \\ \vdots \\ W_n \end{vmatrix} n\omega \quad (4-2)$$

此时 n 为 A 的一个特征根，P 的相对重要性 W 是 A 对应于 n 的特征向量的各分量。层次分析法思路恰与之相反，即在判断矩阵具有一致性条件下，通过解 $AW=\lambda_{max}W$ 的特征值而求出正规化特征向量 W。[1]

4.1.3 文化基因权重评价体系构建步骤

根据已建立的首都核心区街道文化基因谱系，以现有评价体系为基础，结合多重评价方法对首都核心区街道空间文化基因权重进行确定，以文化基因浓郁度作为目标层，构建评价体系，建立评价结构。以街道中是否存在相应文化基因且保存传承现状是否良好作为评价准则，以文化基因谱系及其权重作为评价因素，通过打分得出分值。评价街道为首都核心区内所有街道与胡同。

---

[1] 马勇. 湖北区域旅游发展战略分析 [J]. 湖北大学学报（自然科学版），1991(04)：395-400.

首都核心区街道文化基因权重评价体系的具体步骤分为三步：

评价层确定阶段，通过对首都核心区街道空间文化基因的提取，结合对首都核心区街道空间的广泛调研与文献整理，尽可能收集对街道空间的历史氛围与文化气质有影响的文化基因，并进行梳理与整合，为后续评价提供基础准备。

采用德尔菲法和层次分析法（AHP），建立首都核心区文化基因权重评价体系：前期以文献资料与专家意见为主，确定第一轮权重指标，完善首都核心区街道文化基因浓郁度评价体系；第二轮根据结果情况，对当地居民与外来游客采用问卷调研方式，对评价体系进行修正。

论证阶段，针对已确定的街道文化基因评价体系，在研究范围内选取街道案例进行论证（图 4-1）。

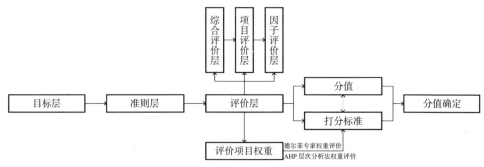

图4-1 街道文化基因浓郁度评价模式图

4.1.4 街道文化基因权重评价对象确立

街道文化基因权重的评价目标分为两部分，分别是街道显性文化基因和街道隐性文化基因，评价对象分为综合评价层、项目评价层以及因子评价层（表 4-1、表 4-2）。

首都核心区街道显性文化基因评价层　　表 4-1

目标层	综合评价层	项目评价层	因子评价层
街道显性文化基因浓郁度评价体系	重要历史文化遗存（A1）	物质文化遗产（B1）	
		重要历史载体（B2）	
		老街巷名（B3）	
		景观视廊（B4）	
		天际线（B5）	
	街道历史要素基因（A2）	胡同空间（B6）	
		建筑立面（B7）	立面色彩（C1）
			墙体（C2）

续表

目标层	综合评价层	项目评价层	因子评价层
街道显性文化基因浓郁度评价体系	街道历史要素基因（A2）	建筑立面（B7）	檐口（C3）
			墙帽（C4）
			传统门楼（C5）
			油漆彩画（C6）
			外立面门窗（C7）
			台明、台阶和散水（C8）
		建筑屋面（B8）	平顶屋面（C9）
			坡顶屋面（C10）
			胡同第五立面（C11）
		构筑物和装饰构件（B9）	
		历史景观（B10）	桥（C12）
			古井（C13）
			古树名木（C14）
			牌楼（C15）
			影壁（C16）

首都核心区街道隐性文化基因评价层　　　　　表 4-2

目标层	综合评价层	项目评价层	因子评价层
街道隐性文化基因浓郁度评价体系	历史人文基因（D1）	非物质文化遗产（E1）	
		历史沿革（E2）	
		文化历史传说（E3）	
		历史人物（E4）	
	民俗文化基因（D2）	民俗传承（E5）	
		文化事件（E6）	
		文化活动（E7）	
		民族宗教文化（E8）	

4.1.5 文化基因权重评价过程分析

4.1.5.1 参与调研人员状况

调研人员主要分两部分，为专家组意见咨询与居民游客访谈。确定专家组共15人，其中建筑学专家5人，城市规划与景观设计专家8人，文学社会学专家2人；居民游客访谈共发放问卷200份，回收问卷189份，参与调研人员基本情况见图4-2～图4-5。

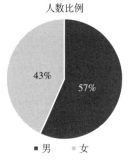

图4-2 调查人员性别

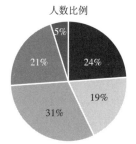

图4-3 调查人员年龄

图4-4 调查人员学历

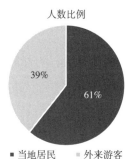

图4-5 调查人员类型

4.1.5.2 问卷调研结果

通过对问卷1首都核心区街道文化基因评价体系研究专家征询问卷（附录1）数据进行整理，构造判断矩阵（表4-3~表4-11），运用层次分析法计算文化基因权重，并检验其一致性。

街道显性文化基因权重矩阵 *A*   表4-3

因素	A1	A2	权重
A1	1	1/2	0.5660
A2	2	1	0.4340

注：λ_{max}=1.9458，一致性比例为 0.0794 ≤ 0.1，判断一致。

重要历史文化遗存权重矩阵 *A1-B*   表4-4

因素	B1	B2	B3	B4	B5	权重
B1	1	2	4	2	3	0.2497
B2	1/2	1	1	1/3	1/2	0.1964
B3	1/4	1	1	1/4	1/2	0.1957
B4	1/2	3	4	1	1/4	0.1782
B5	1/3	2	2	4	1	0.1800

注：λ_{max}=4.8674，一致性比例为 0.0874 ≤ 0.1，判断一致。

街道历史要素基因权重矩阵 *A2-B*　　　　　　　　　　表 4-5

因素	B6	B7	B8	B9	B10	权重
B6	1	1/4	1/2	3	2	0.2275
B7	4	1	1/5	4	5	0.3412
B8	2	5	1	1/3	6	0.1795
B9	1/3	1/4	3	1	1/2	0.0459
B10	1/2	1/5	1/6	2	1	0.7266

注：λ_{max}=4.1875，一致性比例为 0.0815≤0.1，判断一致。

建筑立面权重矩阵 *B7-C*　　　　　　　　　　表 4-6

因素	C1	C2	C3	C4	C5	C6	C7	C8	权重
C1	1	1/2	1/4	1/2	1/2	1/3	1/4	1/3	0.1362
C2	2	1	1/3	1	2	1	1/3	1/2	0.1364
C3	4	3	1	3	4	2	1/3	1/4	0.1246
C4	2	1	1/3	1	2	2	1/2	1/2	0.1298
C5	2	1/2	1/4	1/2	1	1/2	1/4	1	0.1365
C6	3	1	1/2	1/2	2	1	1/2	1/3	0.1268
C7	4	3	3	2	4	2	1	1/2	0.1375
C8	3	2	4	2	1	3	2	1	0.0722

注：λ_{max}=7.5328，一致性比例为 0.0768≤0.1，判断一致。

建筑屋面权重矩阵 *B8-C*　　　　　　　　　　表 4-7

因素	C9	C10	C11	权重
C9	1	2	1/2	0.2537
C10	1/2	1	1	0.2473
C11	2	1	1	0.499

注：λ_{max}=2.6752，一致性比例为 0.0813≤0.1，判断一致。

历史景观权重矩阵 *B10-C*　　　　　　　　　　表 4-8

因素	C12	C13	C14	C15	C16	权重
C12	1	2	2	4	2	0.1948
C13	1/2	1	1/3	1/3	4	0.1993
C14	1/2	3	1	2	3	0.2167
C15	1/4	3	1/2	1	1/4	0.2037
C16	1/2	1/4	1/3	4	1	0.1855

注：λ_{max}=4.673，一致性比例为 0.0872≤0.1，判断一致。

街道隐性文化基因权重矩阵 D 表 4-9

因素	D1	D2	权重
D1	1	1/2	0.6106
D2	2	1	0.3894

注：λ_{max}=1.6572，一致性比例为 0.0642 ≤ 0.1，判断一致。

历史人文基因权重矩阵 D1-E 表 4-10

因素	E1	E2	E3	E4	权重
E1	1	2	4	4	0.3457
E2	1/2	1	3	2	0.3272
E3	1/4	1/3	1	1/2	0.1637
E4	1/4	1/2	2	1	0.1634

注：λ_{max}=3.5894，一致性比例为 0.0.854 ≤ 0.1，判断一致。

民俗文化基因权重矩阵 D2-E 表 4-11

因素	E5	E6	E7	E8	权重
E5	1	1/2	3	2	0.2573
E6	2	1	4	1	0.2548
E7	1/3	1/4	1	2	0.2381
E8	1/2	1	1/2	1	0.2498

注：λ_{max}=4.1524，一致性比例为 0.0.5406 ≤ 0.1，判断一致。

4.1.6 文化基因权重结果分析

根据统计好的文化基因权重矩阵，归纳整合得到文化基因权重结果（表 4-12、表 4-13）。

街道显性文化基因权重评价结果 表 4-12

目标层	权重	综合评价层	权重	项目评价层	权重	因子评价层	权重
街道显性文化基因浓郁度评价体系	1.0000	重要历史文化遗存（A1）	0.5660	物质文化遗产（B1）	0.2497		
				重要历史载体（B2）	0.1964		
				老街巷名（B3）	0.1957		
				景观视廊（B4）	0.1782		
				天际线（B5）	0.1800		
		街道历史要素基因(A2)	0.4340	胡同空间（B6）	0.2275		
				建筑立面（B7）	0.3412	立面色彩（C1）	0.1362
						墙体（C2）	0.1364

续表

目标层	权重	综合评价层	权重	项目评价层	权重	因子评价层	权重
街道显性文化基因浓郁度评价体系	1.0000	街道历史要素基因（A2）	0.4340	建筑立面（B7）	0.3412	檐口（C3）	0.1246
						墙帽（C4）	0.1298
						传统门楼（C5）	0.1365
						油漆彩画（C6）	0.1268
						外立面门窗（C7）	0.1375
						台明、台阶和散水（C8）	0.0722
				建筑屋面（B8）	0.1795	平顶屋面（C9）	0.2537
						坡顶屋面（C10）	0.2473
						胡同第五立面（C11）	0.4990
				构筑物和装饰构件（B9）	0.0459		
				历史景观（B10）	0.2059	桥（C12）	0.1948
						古井（C13）	0.1993
						古树名木（C14）	0.2167
						牌楼（C15）	0.2037
						影壁（C16）	0.1855

街道隐性文化基因权重评价结果 表4-13

目标层	权重	综合评价层	权重	项目评价层	权重
街道隐性文化基因浓郁度评价体系	1.0000	历史人文基因（D1）	0.6106	非物质文化遗产（E1）	0.3457
				历史沿革（E2）	0.3272
				文化历史传说（E3）	0.1637
				历史人物（E4）	0.1634
		民俗文化基因（D2）	0.3894	民俗传承（E5）	0.2573
				文化事件（E6）	0.2548
				文化活动（E7）	0.2381
				民族宗教文化（E8）	0.2498

通过第一轮专家意见整合及第二轮游客居民意见对数据进行修正，得到最终首都核心区街道文化基因权重数据。通过对数据进行分析，可以看出：在显性文化基因中，重要历史文化遗存（A1）对街道文化氛围影响更大，其中的物质文化遗产（B1）与重要历史载体（B2）为主要影响因子，二者对街道本身，甚至街区尺度下的历史底蕴与文化内涵都有较为明显且重要的影响（图4-6~图4-11）。

在街道历史要素基因（A2）中，可以发现，胡同空间（B6）、建筑立面（B7）、历史景观（B10）权重占比最高，在街道空间中，这三者更符合行人的观赏感受尺

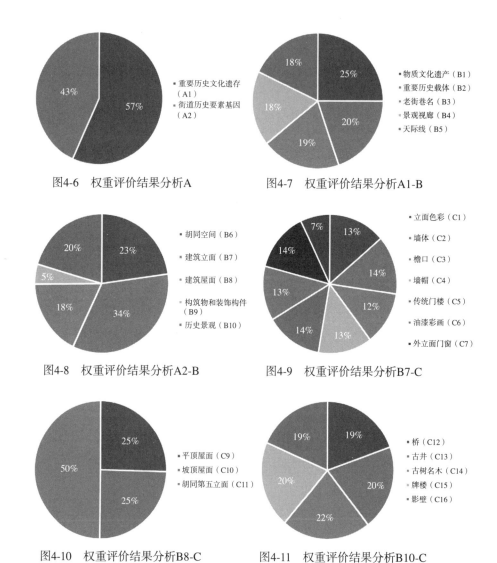

图4-6 权重评价结果分析A

图4-7 权重评价结果分析A1-B

图4-8 权重评价结果分析A2-B

图4-9 权重评价结果分析B7-C

图4-10 权重评价结果分析B8-C

图4-11 权重评价结果分析B10-C

度,也对街道文化渲染帮助更大。其中建筑立面(B7)项目因子中的立面色彩(C1)、墙体(C2)、传统门楼(C5)、外立面门窗(C7)权重占比最高;建筑屋面(B8)中,胡同第五立面(C11)占比最高,其对整个街道甚至街区的整体风貌有着较强的控制,也对街道本身历史文化风貌有着系统完整的控制;其中历史景观(B10),其因子评价项的比例较为均衡,古树名木的比例较高,古树名木在首都核心区中现存数量较多,保护管理情况较好,对于彰显街道历史文化帮助较大。

在对首都核心区街道隐性文化基因进行权重统计的时候,可以发现,历史人文基因(D1)占比高于民俗文化基因(D2),历史人文基因多为历史文化故事,有一定历史考据,也具有更高的流传广度与深度。在历史人文基因(D1)中,可以发现非物质文化遗产(E1)和街道历史沿革(E2)比例较高,非物质文化遗产本身就具有很高文化传唱度,首都核心区的街道本身也具有很深远的历史沿革;在民俗文化基因(D2)中,各子项权重占比相当(图4-12~图4-14)。

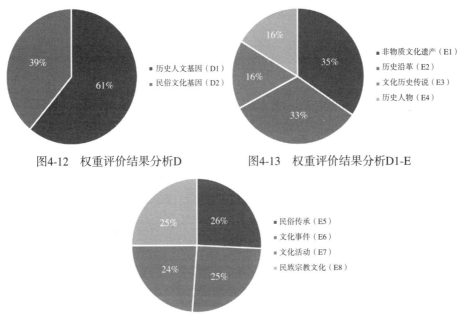

图4-12 权重评价结果分析D　　图4-13 权重评价结果分析D1-E

图4-14 权重评价结果分析D2-E

4.2 街道文化基因浓郁度评价体系

文化基因作为首都核心区街道空间重要的文化氛围载体，对于每一条街道来说，其文化基因的多少与浓郁程度直接影响街道的文化气质与氛围。通过对首都核心区街道空间的文化基因的提取和梳理，并根据其性质、对于街道文化氛围影响程度，构建首都核心区街道文化基因种群，以此作为街道文化浓郁度的评价指标，对街道文化进行量化打分，进而对街道分级分类。

首都核心区的街道文化底蕴深厚，既体现在文化遗产、历史建筑、古树名木等显性文化基因载体，也体现在历史传说、民俗传统等隐性文化基因上。因此，在对街道文化基因浓郁度进行分级分类上，从显性文化基因和隐性文化基因两方面出发，分别对街道文化基因浓郁度进行评价与解析，运用两套指标体系对街道本身进行评价打分，最终综合考虑，整体分级与分类。

4.2.1 街道显性文化基因浓郁度评价体系

显性文化基因在首都核心区街道空间的评价项目主要有两部分：重要历史文化遗存、街道历史要素基因（表4-14）。

4.2.2 街道隐性文化基因浓郁度评价体系

街道隐性文化基因在首都核心区街道空间的评价项目主要有两类：历史人文基因和民俗文化基因（表4-15）。

首都核心区街道显性文化基因浓郁度评价表

表 4-14

目标层	权重	准则层	综合评价层	权重	评价层 项目评价层	权重	因子评价层	项目评价层分值	因子评价层分值	评分标准	打分标准
北京首都核心区街道显性文化基因浓郁度评价体系	1.0	凸显街道重要历史底蕴，同时历史对街道风貌有重要影响	重要历史文化遗存（A1）	0.566	物质文化遗产（B1）	0.2497		14		街道两侧是否有物质文化遗产或受其巨大影响	有 14 分；受影响：10 分；无影响：0 分
					重要历史载体（B2）	0.1964		11		街道两侧是否有重要历史载体，或受其巨大影响	有：11 分；受影响：5 分；无影响：0 分
					老街巷名（B3）	0.1957		11		街道名本身是否被纳入《北京市地名志（西城区、东城区）》中的老街巷名	是：11 分；不是：0 分
					景观视廊（B4）	0.1782		10		街道是否位于重要的景观视廊，或处于重要景观轴线上	位于景观视廊上：10 分；处于重要景观轴线上：5 分；无：0 分
					天际线（B5）	0.1800		10		街道两侧建筑完整是否沿袭完整天际线风貌	沿袭且保存完整较好：10 分；部分沿袭：5 分；没有沿袭：0 分
		文化基因要素对街道风貌氛围传统文化风貌有重要影响	街道历史要素基因（A2）	0.434	胡同空间（B6）	0.2275		10		街道是否保留沿袭传统胡同的空间格局与尺度，不具有明确的现代交通规划道路结构	沿袭，且风貌一协调，符合规制：10 分；部分沿袭：5 分；未沿袭：0 分
					建筑立面（B7）	0.3412	立面色彩（C1）	15	2	街道两侧建筑立面色彩是否沿袭传统规制，街道沿街立面色彩是否协调统一	沿袭且风貌统一协调，符合规制：2 分；整体沿袭，局部不符合规制：1 分；少部分沿袭：0.5 分；未沿袭：0 分

第4章 基于文化基因浓郁度的首都核心区街道评价与分类

续表

<table>
<tr><th colspan="2">目标层</th><th colspan="8">评价层</th><th rowspan="2">评分标准</th><th rowspan="2">打分标准</th></tr>
<tr><th></th><th>权重</th><th>准则层</th><th>综合评价层</th><th>权重</th><th>项目评价层</th><th>权重</th><th>因子评价层</th><th>权重</th><th>项目评价层分值</th><th>因子评价层分值</th></tr>
<tr><td rowspan="6">北京首都核心区街道显性文化基因浓郁度评价体系</td><td rowspan="6">1.0</td><td rowspan="6">文化基因要素对街道文化氛围与传统风貌有重要影响</td><td rowspan="6">街道历史要素基因（A2）</td><td rowspan="6">0.434</td><td rowspan="6">建筑立面（B7）</td><td rowspan="6">0.3412</td><td>墙体（C2）</td><td>0.1364</td><td></td><td>2</td><td>街道两侧建筑墙体材料做法是否沿袭传统材料做法，墙面风格是否连续统一、界面风貌是否连续统一</td><td>沿袭且材料做法遵从传统规制：2分；部分沿袭、墙面整体做法不统一：1分；未沿袭传统做法，整体风貌破坏严重：0分</td></tr>
<tr><td>檐口（C3）</td><td>0.1246</td><td></td><td>2</td><td>街道两侧传统建筑是否保留檐口做法，且保存情况是否完好、符合规制</td><td>保留做法且完好：2分；部分保留：1分；未保留或未符合规制：0分</td></tr>
<tr><td>墙帽（C4）</td><td>0.1298</td><td></td><td>2</td><td>街道两侧传统建筑的墙帽做法，且保存情况是否完好、符合规制</td><td>保留做法且完好：2分；部分保留：1分；未保留或未符合规制：0分</td></tr>
<tr><td>传统门楼（C5）</td><td>0.1365</td><td></td><td>2</td><td>街道两侧传统门楼是否保存完好、符合规制</td><td>保存完好且符合规制：2分；有一定破坏：1分；未保留或未符合规制：0分</td></tr>
<tr><td>油漆彩画（C6）</td><td>0.1268</td><td></td><td>2</td><td>街道两侧建筑外立面门窗传统油漆彩画是否保留，且保存情况是否完好、符合北方特点</td><td>保存完好且符合特点：2分；部分保留：1分；未保留或未符合北方特点：0分</td></tr>
<tr><td>外立面门窗（C7）</td><td>0.1375</td><td></td><td>2</td><td>街道两侧建筑外立面门窗是否沿袭传统门窗做法规制，保存是否完整</td><td>整体沿袭传统做法保存完好：2分；部分沿袭：1分；未沿袭：0分</td></tr>
</table>

续表

目标层	权重	准则层	综合评价层	权重	评价层			项目评价层分值	因子评价层分值	评分标准	打分标准
					项目评价层	因子评价层	权重				
北京首都核心区街道文化基因浓郁度评价体系	1.0	文化基因要素对街道风貌与传统风貌有重要影响	街道历史要素基因（A2）	0.434	建筑立面（B7）	台明，台阶和散水（C8）	0.0722		1	街道两侧建筑是否保留较完好的台明、台阶和散水，且符合传统规制	保存完好且符合规制：1分；部分保留：0.5分；未保留或未符合传统规制：0分
						平顶屋面（C9）	0.2537	8	2	街道两侧平顶建筑是否沿袭传统平顶做法，保存是否完好	整体沿袭传统做法且保存完好：2分；部分沿袭保存较好：1分；未沿袭且存在违章加建情况：0分
					建筑屋面（B8）	坡顶屋面（C10）	0.2473		2	街道两侧坡顶建筑是否沿袭传统坡顶做法，保存是否完好	整体沿袭传统做法且保存完好：2分；部分沿袭保存较好：1分；未沿袭且存在违章加建情况：0分
						胡同第五立面（C11）	0.499		4	街道第五立面整体是否沿袭传统风貌	整体沿袭传统风貌：5分；部分沿袭未沿袭传统风貌：3分；极少或未沿袭且存在违章加建：0分
					构筑物和装饰构件（B9）		0.0459	2		街道两侧建筑是否保留传统建筑的构筑物或装饰构件（下马石、抱鼓石等）	保留：2分；未保留：0分

第4章 基于文化基因浓郁度的首都核心区街道评价与分类

续表

目标层	权重	准则层	评价层							评分标准	打分标准
			综合评价层	权重	项目评价层	权重	因子评价层	权重	项目评价层分值	因子评价层分值		
北京首都核心区街道文化基因显性化浓郁度评价体系	1.0	文化基因要素对街道文化氛围与传统风貌有重要影响	街道历史要素基因（A2）	0.434	历史景观（B10）	0.2059	桥（C12）	0.1948	9	2	街道是否存在传统古桥	存在且保存完好：2分；存在，但存在一定破坏：1分；未存在：0分
							古井（C13）	0.1993		2	街道是否存在传统古井	存在且保存完好：2分；存在，但存在一定破坏：1分；未存在：0分
							古树名木（C14）	0.2167		2	街道是否存在《北京各区县古树名木》中记载的古树名木或准保护类树木（胸径25cm以上）	存在古树名木且保护完好：2分；存在但未保护：1分；未存在：0分
							牌楼（C15）	0.2037		2	街道是否存在牌楼，且保护是否完好	存在牌楼目保护完好：2分；存在但未保护：1分；未存在：0分
							影壁（C16）	0.1855		1	街道两侧是否存在影壁，且保护是否完好	存在影壁目保护完好：1分；存在但未保护：0.5分；未存在：0分

表 4-15

首都核心区街道隐性文化基因浓郁度评价表

目标层	权重	准则层	综合评价层	权重	评价层 项目评价层	权重	因子评价层	项目评价层分值	因子评价层分值	评分标准	打分标准
北京首都核心区街道显性文化基因浓郁度评价体系	1.0	街道中历史人文故事对街道风貌产生一定隐性影响	历史人文基因（D1）	0.6106	非物质文化遗产（E1）	0.3457		21		街道是否保留与非物质文化遗产相关的文化活动与场所	保留且有所传承发扬：21分；保留但未发扬传承：10分；未存在：0分
					历史沿革（E2）	0.3272		20		街道本身的出现与发展是否具有一定历史时期的沿革	街道发源自明清时期，且保留相当的文化氛围：20分；街道发源自民国时期，且保留相当的文化氛围：10分；街道发源自现代：0分
					文化历史传说（E3）	0.1637		10		街道本身是否承载着人民群众艺术创作的故事，且是否有所传承发扬	承载且有所发扬：10分；承载但未发扬：5分；未承载：0分
					历史人物（E4）	0.1634		10		街道是否曾经作为名人居住地或因历史人物广为流传	曾作为名人居住地：10分；因人物广为流传：5分；没有。0分
		街道中民俗文化故事对街道风貌产生一定隐性影响	民俗文化基因（D2）	0.3894	民俗传承（E5）	0.2573		10		街道是否举行民族文化活动的场所	有且已有一定规模与影响力：10分；有但开展处于起步阶段：5分；没有：0分
					文化事件（E6）	0.2548		10		街道是否举行过重大影响力的社会话题、社会活动的场所	有且对街道文化底蕴有一定影响：10分；有但未对街道现状有影响：5分；没有：0分
					文化活动（E7）	0.2381		9		街道是否组织过相关部门举办的文化活动	有且有一定影响力：9分；有但有一定影响力：5分；没有：0分
					民族宗教文化（E8）	0.2498		10		街道是否长期存有体现民族传统文化宗教习俗的活动与场地	有且有一定规模：10分；有但未形成规模：5分；没有：0分

4.3 街道分级分类构建

4.3.1 街道文化基因浓郁度分级

通过对首都核心区街道空间文化基因的梳理和街道空间浓郁度评价体系的建立，从两方面（显性文化基因浓郁度和隐性文化基因浓郁度）分别对首都核心区街道空间进行分级。每项评价目标分为三级，分别为：A级文化基因浓郁度街道（D_A和R_A），代表街道包含全部或较多文化基因，历史文化底蕴深厚，肩负更多彰显北京首都文化的功能需要，分值为$100 \leq X < 67$分；B级文化基因浓郁度街道（D_B和R_B），代表街道包含部分文化基因，具有一定历史底蕴的同时也一定程度受现代文化影响，分值为$67 \leq X < 33$分；C级文化基因浓郁度街道（D_C和R_C），代表街道包含较少或没有文化基因遗存，街道本身多为现代城市道路，分值小于33分（表4-16）。

首都核心区街道文化基因浓郁度分级等级表　　　　表4-16

首都核心区街道显性文化基因浓郁度分级等级表		
等级	A级街道显性文化基因（D_A）	B级街道显性文化基因（D_B）	C级街道显性文化基因（D_C）
分级	$100 \leq X < 76$分	$76 \leq X < 33$分	$33 \leq X$分
首都核心区街道隐性文化基因浓郁度分级等级表		
等级	A级街道隐性文化基因（D_A）	B级街道隐性文化基因（D_B）	C级街道隐性文化基因（D_C）
分级	$100 \leq X < 76$分	$76 \leq X < 33$分	$33 \leq X$分

针对每条街道，整合显性文化基因浓郁度等级和隐性文化基因浓郁度等级，构建街道分类模型，从而从文化基因浓郁度视角下对首都核心区全部街道进行分类。

4.3.2 街道分类原则

4.3.2.1 全面性原则

针对首都核心区街道进行分类时，应满足全面性的要求，每条街道皆被评价分级与分类，街道分类原则也应覆盖全部首都核心区。

4.3.2.2 显性基因优势性原则

显性基因作为街道文化基因中最具文化表现力的核心部分，相较隐性文化基因，更具有文化传承力，其直观清晰的物质载体也是街道空间彰显街道文化底蕴的最有力的依据。在街道分类中，应遵循显性基因优于隐性基因的选择。

4.3.2.3 多层级原则

街道空间的文化氛围很大程度上由街道空间形态决定，同样浓郁的文化基因存在不同空间形态的街道空间中表现出来的氛围也大相径庭。在首都核心区中主要存在两种不同的街道空间类型：不具有明确的现代交通功能断面（胡同：人行为主，自然衍生出来的城市道路肌理，宜人舒适的人性尺度等）、具有明确的现代交通功能断面（现代道路：机动车通行为主，有明确的现代街道断面）。在文化基因浓郁的街道类型中，存在以上两种情况，应分层级、分子向研究；在文化基因较薄弱或没有的街道类型中，不存在胡同这类空间类型，故无需分层级。

4.3.3 街道分类模型构建

通过对首都核心区街道空间分别进行显性文化基因浓郁度分级和隐性文化基因浓郁度分级，对街道文化基因浓郁度可进行模型构建，共有九种情况（图4-15）。

A级显性文化基因浓郁度街道和A级隐性文化基因浓郁度街道［街道具有全部或大量显性文化基因，同时具有大量丰富的隐性文化基因，街道文化基因浓郁度最高（$D_A \& R_A$）］；A级显性文化基因浓郁度街道＆B级隐性文化基因浓郁度街道［街道具有全部或大量显性文化基因，同时具有部分的隐性文化基因（$D_A \& R_B$）］；A级显性文化基因浓郁度街道和C级隐性文化基因浓郁度街道［街道具有全部或大量显性文化基因，同时无隐性文化基因（$D_A \& R_C$）］；B级显性文化基因浓郁度街道和A级隐性文化基因浓郁度街道［街道具有部分显性文化基因，同时具有大量丰富的隐性文化基因（$D_B \& R_A$）］；B级显性文化基因浓郁度街道和B级隐性文化基因浓郁度街道［街道具有部分显性文化基因，同时具有部分隐性文化基因（$D_B \& R_B$）］；B级显性文化基因浓郁度街道和C级隐性文化基因浓郁度街道［街道具有部分显性文化基因，同时无隐性文化基因（$D_B \& R_C$）］；C级显性文化基因浓郁度街道和A级隐性文化基因浓郁度街道［街道无显性文化基因，同时具有大量丰富的隐性文化基因（$D_C \& R_A$）］；C级显性文化基因浓郁度街道和B级隐性文化基因浓郁度街道［街道无显性文化基因，同时具有部分隐性文化基因（$D_C \& R_B$）］；C级显性文化基因浓郁度街道和C级隐性文化基因浓郁度街道［街道无显性文化基因，同时无隐性文化基因，街道基本没有文化遗存，为现代街道（$D_C \& R_C$）］。

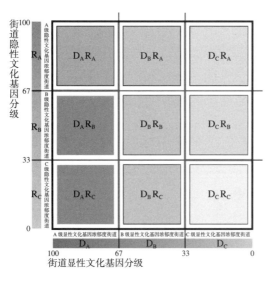

图4-15 首都核心区街道文化基因浓郁度分类模型

4.4 基于文化基因浓郁度的首都核心区街道现状类型

在对首都核心区街道进行分类模型构建，并结合现状调研，可以进一步将街道分成四类：其中街道显性、隐性文化基因皆最为浓郁的街道（D_AR_A），为街道类型甲；显性文化基因相对浓郁的街道（D_BR_A、D_BR_B、D_BR_C）为街道类型乙；显性文化基因较少的同时，存在一定程度的隐性文化基因的街道（D_CR_A、D_CR_B）为街道类型丙；文化基因最为薄弱，显、隐性文化基因都极为稀少的街道（D_CR_C）为类型丁。

其中显性文化基因在产生的过程中必然蕴含着一定程度的隐性文化基因，理论模型中的显性文化基因较为浓郁，但隐性文化基因较为稀少的街道在首都核心区中并不存在，故被排除在外，不在具体研究范围中（表4-17）。

首都核心区街道文化基因浓郁度分类表　　　　　表4-17

文化基因浓郁度	初步街道分类模型	模型整合结果 一级街道分类结果	二级街道分类结果	街道类型特点
最高 ↓ 最低	A级显性文化基因浓郁度街道 A级隐性文化基因浓郁度街道 （D_AR_A）	街道类型甲	街道类型甲-1	·包含全部或较多文化基因的街道 ·道路不具有明确的现代交通功能断面（胡同）
			街道类型甲-2	·包含全部或较多文化基因的街道 ·道路具有明确的现代交通功能断面（现代街道）
	A级显性文化基因浓郁度街道 B级隐性文化基因浓郁度街道 （D_AR_B） A级显性文化基因浓郁度街道 C级隐性文化基因浓郁度街道 （D_AR_C）	未存在类型		
	B级显性文化基因浓郁度街道 A级隐性文化基因浓郁度街道 （D_BR_A）	街道类型乙	街道类型乙-1	·具有部分文化基因的街道 ·道路不具有明确的现代交通功能断面（胡同）
	B级显性文化基因浓郁度街道 B级隐性文化基因浓郁度街道 （D_BR_B） B级显性文化基因浓郁度街道 C级隐性文化基因浓郁度街道 （D_BR_C）		街道类型乙-2	·具有部分文化基因的街道 ·道路具有明确的现代交通功能断面（现代街道）
	C级显性文化基因浓郁度街道 A级隐性文化基因浓郁度街道 （D_CR_A） C级显性文化基因浓郁度街道 B级隐性文化基因浓郁度街道 （D_CR_B）	街道类型丙		·有极少或没有显性文化基因遗存，但具有一定隐性文化基因。 ·道路具有明确的现代交通功能断面（现代街道）
	C级显性文化基因浓郁度街道 C级隐性文化基因浓郁度街道 （D_CR_C）	街道类型丁		·街道有极少或没有文化基因遗存。 ·道路具有明确的现代交通功能断面（现代街道）

4.4.1 街道类型甲

4.4.1.1 街道特点

（1）街道类型甲-1：特指首都核心区内包涵全部或相对较多显性文化基因与隐性文化基因的街道，街道本身不具有明确的现代交通功能断面，多为胡同，街道艺术文化气息表现为百姓生活的城市文化艺术，肩负更多承载首都历史文化的传承与发扬的功能需要（图4-16）。

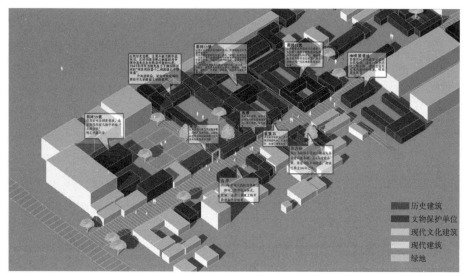

图4-16　首都核心区街道类型甲-1模式图

（2）街道类型甲-2：特指首都核心区中包含全部或相对较多历史基因、文化基因，且道路具有明确的现代交通功能断面的现代街道。街道历史文化底蕴深厚，街道文化保护传承较为完善，有提升发展的空间，承载首都核心区文化传承与发展的需要（图4-17）。

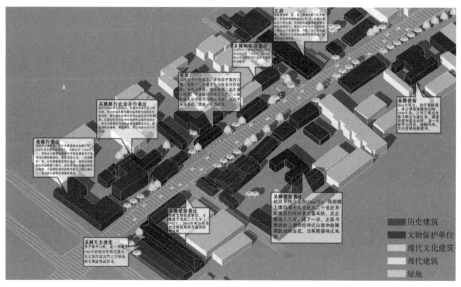

图4-17　首都核心区街道类型甲-2模式图

4.4.1.2 典型街道案例

（1）街道类型甲-1——史家胡同

史家胡同位于北京东城区东南部，东起朝阳门南小街，西至东四南大街。[①]因

---

① 韩倩，尹端睛.胡同里的"大家庭"[J].经济，2011(12)：50-51.

明朝时胡同曾住一位姓史的大户人家，所以叫史家胡同，具有悠久的历史积淀与文化底蕴。史家胡同在保留大量传统物质遗存的同时，也是一条具有优秀文教气息的街道。自1724年成立的左翼宗学到现在北京著名的小学——史家小学，两百多年来史家胡同一直都是北京重要的文教街道与教育圣地。

如今，史家胡同作为北京文化底蕴最为浓厚的胡同之一，历史文化遗存丰富，胡同风貌协调优美，其中挂牌文保单位3处，挂牌文物普查项2处，风貌较好的四合院21处，古树名木3处，胡同博物馆1处。胡同名人故居数量众多，曾住过傅作义、王炳南、卫立煌、黄敬、李维汉等人。其中林淑华故居如今已改造为社区活动中心兼史家胡同博物馆，对胡同历史保护与传承起到重要的作用。具体名人故居分布与文保单位分布见图4-19和图4-20。

通过调研，以首都核心区街道文化基因浓郁度评价体系对史家胡同进行调研评价打分，通过评价打分，史家胡同具有丰富且深厚的显性文化基因与隐性文化基因遗存，分值分别为70分与75分，皆处于A级文化基因浓郁度街道的范围内，故史家胡同属于街道类型甲。调研评价内容具体见附表3-1、附表3-2和图4-18、图4-19。

图4-18　史家胡同名人故居分布图

图4-19　史家胡同文保单位分布图

在调研过程中发现，史家胡同现状仍存在一些问题，对史家胡同本身的历史文化底蕴产生一定的影响：胡同现状街巷照明设施较少；现状公共座椅较少，且材料、色彩、形式不符合胡同传统风貌；现状景观设施破旧，且不符合胡同传统风貌；现状部分建筑门窗、台基不符合传统形制；现状除机动车停车位外，缺少其他市政交通设施，部分墙壁宣传画与标语形式过于现代，与胡同文化不协调（图4-20）。

图4-20 史家胡同街道现状照片

（2）街道类型甲-2——东交民巷

东交民巷，西起天安门广场东路，东至崇文门内大街。①元朝时曾与西交民巷连在一起，称为江米巷。近代曾是北京著名的使馆区，②1860年后，先后有英国、法国、美国等在此设立大使馆，并更名为使馆街，一直作为使馆区，直到1959年所有的使馆都迁往朝阳门外。东交民巷是北京市文物保护街区，也是北京为数不多具有浓郁西方古典色彩的传统街道。

东交民巷使馆建筑群被列为第五批全国重点文物保护单位。③此次被列入东交民巷使馆建筑群的建筑有13处，具体见表4-18。其中，东交民巷段现遗存花旗银行旧址、六国饭店，以及美国、俄国、荷兰及意大利等国的使馆旧址（图4-21）。

通过调研，以首都核心区街道文化基因浓郁度评价体系对东交民巷进行调研评价打分，我们可以看出，东交民巷现存丰富的历史文化遗产，不同于北京的传统文化，因为其在北京历史中的特殊地位，东交民巷是北京为数不多的近代西式文化浓郁的街道，且当下保存较好，具有丰富的文化特殊性与价值。通过评价打分，东交民巷的显性文化基因浓郁度和隐性文化基因浓郁度分值分别为67分与75分，皆处于A级文化基因浓郁度街道的范围内，故东交民巷属于街道类型甲。调研评价内容具体见附表3-2、附表3-4。

通过调研，东交民巷在对沿街使馆建筑保护的同时，仍存在一些问题：部分建

---

① 闪世昌．东交民巷和东交民巷小学[J]．北京档案，2013(06)：58-59．
② 张小彤，万辉．20世纪初北京东交民巷使馆区建筑装饰的文化意蕴[J]．西安建筑科技大学学报（社会科学版），2016，35(03)：63-67．
③ 刘文丰．保护东交民巷的异域风貌[J]．北京观察，2014(07)：28-29．

第4章 基于文化基因浓郁度的首都核心区街道评价与分类

图4-21 东交民巷历史建筑分布图

东交民巷使馆建筑群名录　　　　　　　　　　　　　　表4-18

名称	地址	备注
淳亲王府	东长安街14号	现为中华人民共和国公安部
英国使馆旧址	东长安街14号	现为中华人民共和国公安部
花旗银行旧址	东交民巷36号	现为北京警察博物馆
东方汇理银行旧址	东交民巷34号	
日本使馆旧址	正义路2号	建成于1909年
意大利使馆旧址	台基厂大街1号	建于1910年前后
横滨正金银行旧址	正义路4号	
日本公使馆旧址	东交民巷21号	建于1886年
法国使馆旧址	东交民巷15号	建于1910年前后
奥匈使馆旧址	台基厂头条6号	建于1910年前后
国际俱乐部旧址	台基厂大街8号	
法国兵营旧址	台基厂三条3号	
比利时使馆旧址	崇文门西大街9号	建于1910年前后

资料来源：《20世纪初北京东交民巷使馆区建筑装饰的文化意蕴》。

筑空调设备外露，且杂乱无章，影响建筑立面美观；现状路灯、部分围墙形式与街道风貌不符；现状部分大门形式与街道风貌不符（图4-22）。

4.4.2 街道类型乙

4.4.2.1 街道特点

（1）街道类型乙-1：特指首都核心区内具有部分现存历史文化基因的胡同，街道历史元素与现代文化艺术元素比重相当；道路不具有明确的现代交通功能断

图4-22 东交民巷街道现状照片

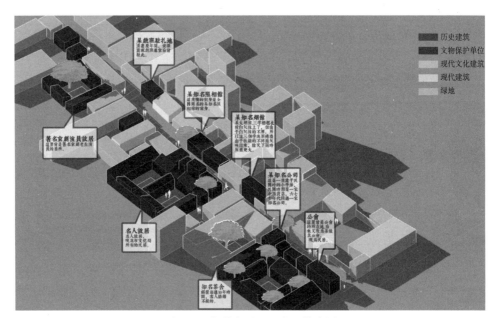

图4-23 街道类型乙-1类型模式图

面,多为胡同。在城市生长历程中,胡同功能演变复杂,表现为多元化的城市界面(图4-23)。

(2)街道类型乙-2:特指首都核心区中具有部分现存历史基因、文化基因的街道,历史元素与现代文化艺术元素比重相当;道路具有明确的现代交通功能断面,为城市道路断面;在城市生长历程中,街道功能演变复杂,表现为多元化的城市界面;街道艺术文化表现多样,更多承载北京首都过去与现代文化的展示需要(图4-24)。

4.4.2.2 典型街道案例

(1)街道类型乙-1典型案例——石头胡同

石头胡同自明代出现,距今已有上百年。旧时为北京"八大胡同"之一,现在是北京首都核心区历史气息较为浓郁的胡同之一。胡同本身照相文化与戏曲文化浓郁,北大照相馆的前身就在石头胡同里;同时,旧时胡同会馆云集,清道光、咸丰年间被称为"老生三杰"中的张二奎、余三胜两位京剧著名人物也曾居住于此(图4-25)。

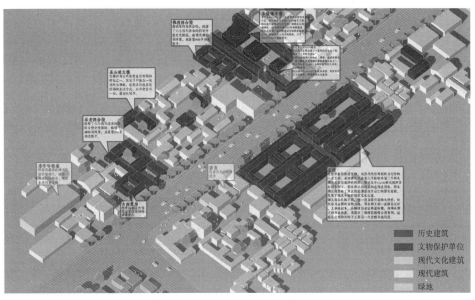

图4-24 街道类型乙-2类型模式图

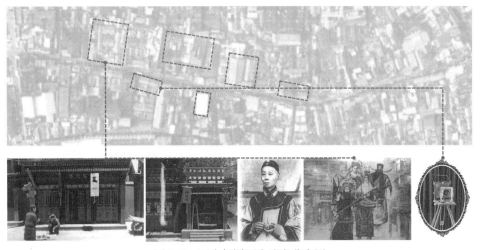

图4-25 石头胡同历史遗产分布图

通过调研,以首都核心区街道文化基因浓郁度评价体系对石头胡同进行调研评价打分,石头胡同具有一定程度的显性文化基因与隐性文化基因遗存,但是因为胡同本身现状风格多样,同时还存在加建违建、不符合传统规制的改造以及不符合北京首都核心区胡同风貌气质的设计风格,对街道整体文化气质产生一定的影响。分值分别为51.5分与49分,皆处于B级文化基因浓郁度街道的范围内,故石头胡同属于街道类型乙。调研评价内容具体见附表3-5、附表3-6。

在调研过程中可以发现,石头胡同现状仍存在一些问题,对胡同本身的历史风貌与文化底蕴产生一定影响:现状街道铺装简陋不符合胡同传统风貌;现状缺少标识系统;现状建筑门窗、台基不符合传统形制;现状路灯形式不符合胡同风貌;现状缺乏绿化设施与城市家具(图4-26)。

图4-26　石头胡同街道现状照片

图4-27　阜成门内大街文化遗产分布图

（2）街道类型乙–2典型案例——阜成门内大街

阜成门内大街西起西二环阜成门桥，东至赵登禹路，全长670米，是北京最古老的大街之一。[①] 阜成门元朝时为平则门，明朝正统年间改称阜成门后，城内大街也改称阜成门街，1956年改名为阜成门内大街。

阜成门内大街文物古迹遗存丰富，北京城最宏伟的元代建筑妙应寺白塔、全国建筑等级规制最高的历代帝王庙、中国佛教协会所在地广济寺，阜成门内大街还有鲁迅纪念馆和故居、中国地质博物馆等，历史遗产丰厚；同时，阜成内大街也在文学作品中常常出现，也是老舍笔下"最美的街"，当代阜成门内大街除街道基本功能外，以白塔为核心，每年10月皆会举办"白塔寺设计周"，与"什刹海设计周"成为西城区历史文化风貌传承与探索的精华荟萃之地（图4-27）。

阜成门内大街具有一定程度的显性文化基因与隐性文化基因遗存，同时，阜成门内大街因其经历多次改造，街道两侧传统风貌受到一定程度的影响，也形成了路

[①] 贾倩倩.旧城新机——北京白塔寺地区市政综合规划及实施[C]// 中国城市规划学会，贵阳市人民政府.新常态：传承与变革——2015中国城市规划年会论文集（02城市工程规划），2015：8.

北传统风貌，路南金融街的现代风貌的独特街景文化。同时，街道寺庙文化浓郁，但普及程度较弱。经过调研打分，分值分别为 47 分与 78 分，处于 B 级显性文化基因浓郁度街道以及 A 级隐性文化基因浓郁度街道的范围内，故阜成门大街属于街道类型乙。调研评价内容具体见附表3-7、附表3-8。

调研过程中可以发现，阜成门内大街仍存在一些影响街道文化风貌保护传承的问题：首先，现状缺乏文物标识系统与历史文化资源说明系统，影响街道文化遗产的宣传与普及力度；其次，现状城市家具缺乏文化气质，且与阜成门内大街街道气质不符（图4-28）。

图4-28　阜成门内大街街道现状照片

4.4.3　街道类型丙

4.4.3.1　街道特点

特指首都核心区中有极少或无现存显性物质基因实物的街道，街道本身的显性物质基因在历史发展过程中消失，但街道本身具有一定历史底蕴，历史人文等隐性文化因子保留较多。首都核心区内的此类型街道皆为现代道路，具有明确的现代交通功能断面，街道文化多元，空间布局模式及文化艺术元素体现多具现代感（图4-29）。

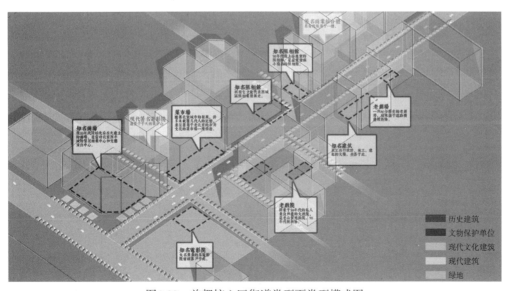

图4-29　首都核心区街道类型丙类型模式图

4.4.3.2 典型街道案例——西单北大街

西单北大街，南起复兴门内大街，北至灵境胡同与辟才胡同交界处，全程 1600 米。西单北大街历史悠久，明清时期此处多为皇宫各部门采购物品之处，也是北京城早期商业发展与市民集会交流的重要街道场地。现在的西单北大街作为西单商业区中心道路，在北京市的商业历史发展中占据至关重要的地位，西单本身也曾是首都繁华的象征。当今的西单，更是北京现代化经济商业形象的重要代表。

经过调研与评价打分，西单北大街现状为现代化城市道路，为首都核心区重要商业中心之一，街道空间本身已经很难寻找到历史传统印记，显性文化基因薄弱，为 27 分，属于 C 级显性文化基因浓郁度街道（街道无明显物质历史遗存）；同时，西单北大街具有悠久的历史，同时是北京早期商业文化发源地，当下仍保存一定的隐性文化基因，为 59 分，属于 B 级隐性文化基因浓郁度街道（街道保留一定程度的精神文化遗存），故西单北大街属于类型丙，具体评分内容见附表 3-9、附表 3-10。

经调研，西单北大街街道现状商业氛围浓郁，但缺少对西单传统商旅文化的诠释，街道缺少对西单传统历史文化展示的设计与标识，街道文化展示较弱；街道景观小品形式较为单调，对街道本身的艺术活力展示有一定影响（图 4-30）。

图4-30 西单北大街现状照片

4.4.4 街道类型丁

4.4.4.1 街道特点

特指首都核心区中既无现存显性物质基因实物，也无历史人文遗存，属于新修建段的街道。首都核心区内的此类型街道皆为现代道路，具有明确的现代交通功能断面，此类型街道主要集中在首都核心区二环外。街道文化多元，形式、街道空间布局模式及文化艺术元素皆偏现代化，多以彰显首都核心区的精致高雅的现代文化气质为主（图 4-31）。

4.4.4.2 典型街道案例——新康路

新康路，位于北京市西城区德胜门街道，东起德胜门外大街，西至新街口外大街。属北京新修建路段，开通延伸学院南路东西向格局。故新康路属于现今无历史载体且尺度均为现代路板的街道。

经过调研与评价打分，新康路属于新建街道，既无明显的显性文化基因遗存，

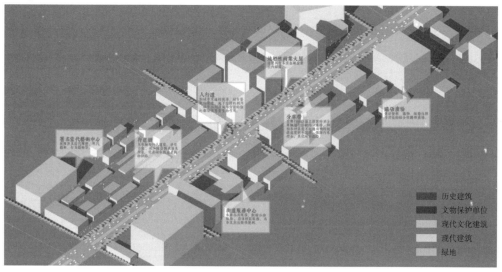

图4-31 首都核心区街道类型丁类型模式图

图4-32 新康路现状照片

也无明显的隐性文化基因遗存（二者皆0分）故属于完全现代道路，为类型丁，具体评价内容见附表3-11、附表3-12。

经调研，新康路现状街道缺乏城市布品，街道活力不足；同时缺少供市民休憩的公共空间，街道绿化单调，应丰富街道景观绿植种类，提升街道景观趣味性与观赏性（图4-32）。

4.5 小结

本章在对首都核心区街道文化基因进行提取筛选分级的基础上，针对街道文化基因多与少的问题，结合定量指标（街道显性文化基因浓郁度）和定性指标（街道隐性文化基因浓郁度）以及专家综合打分赋值初步构建评价体系，对首都核心区每条街道分别打分，并根据分值情况对街道进行分级，最终得出基于文化基因浓郁度的首都核心区街道现状分类。

首先，针对首都核心区街道文化基因谱系的权重问题，在满足系统性、客观性、独立性以及可行性原则的基础上，采用德尔菲法与层次分析法，通过采集专家意见以及当地居民和外来游客的意见修正，计算得出文化基因谱系中每个评价因子的权重，为后续的基于文化基因浓郁度的街道评价打分打下基础。

结合确定的街道文化基因浓郁度评价标准，通过对首都核心区街道进行调研，并根据分值分布情况可分为 A 级显性文化基因浓郁度街道（特指街道包含全部或大量显性文化基因，简写 D_A）、A 级隐性文化基因浓郁度街道（特指街道包含全部或大量隐性文化基因，简写 R_A）、B 级显性文化基因浓郁度街道（特指街道包含部分显性文化基因，简写 D_B）、B 级隐性文化基因浓郁度街道（特指街道包含部分隐性文化基因，简写 R_B）、C 级显性文化基因浓郁度街道（特指街道没有包含或包含极少显性文化基因，简写 D_C）、C 级隐性文化基因浓郁度街道（特指街道没有包含或包含极少隐性文化基因，简写 R_C），初步构建基于文化基因浓郁度街道的街道分类模型，初步构建 9 种类型：$D_A\&R_A$、$D_A\&R_B$、$D_A\&R_C$、$D_B\&R_A$、$D_B\&R_B$、$D_B\&R_C$、$D_C\&R_A$、$D_C\&R_B$、$D_C\&R_C$。

在此基础上，通过全面性、显性基因优势性、多层级原则，对初步构建的 9 种街道类型进行梳理整合，其中街道空间中每一个饱含文化价值的实体载体背后皆记录着一系列非物质故事与沿革，因此，并不存在具有较为浓郁的显性文化基因的同时街道隐性文化基因十分稀薄、甚至没有的街道，故 Da&Rb、Da&Rc 这两类为不存在类型，其余 7 类可整合为四种类型，分别为基于文化基因浓郁度分类的街道类型甲：特指首都核心区中具有全部或较多显性文化基因与隐性文化基因的街道，街道文化基因最为浓郁，并可根据其街道是否具有现代交通规划的断面形式分为两个子类型：街道类型甲 –1（不具有现代交通规划道路断面的类型甲街道：史家胡同等）街道类型甲 –2（具有现代交通规划道路断面的类型甲街道：东交民巷等）。街道类型乙：特指首都核心区中具有部分显性文化基因，可根据其街道是否具有现代交通规划的断面形式分为两个子类型：街道类型乙 –1（不具有现代交通规划道路断面的类型乙街道：石头胡同等）、街道类型乙 –2（具有现代交通规划道路断面的类型乙街道：阜成门内大街等）。街道类型丙：特指首都核心区中具有较少或没有显性文化基因、但街道隐性文化基因较为浓郁的街道：西单北大街等。类型丁：特指首都核心区中具有较少或没有显性文化基因与隐性文化基因的街道，街道文化基因浓郁度最低，新康路等。

在此研究基础上，从文化基因视角针对首都核心区街道提出街道景观设计导则的编制思路与方法，分别从整体、街道类型以及具体文化基因三方面提出设计指引。

第 5 章 基于文化基因的首都核心区街道设计导则编制

5.1 首都核心区街道存在问题研究

自工业革命以来，人类文明与科技发展可以用"技术爆炸"来形容，随着科技的发展，人们在城市中的生活出行方式也不断发生着本质的变化，这对于城市街道来说影响巨大，对于历史文化底蕴深厚的城市街道来说更是如此。在这个过程中不同时期的文化印记与空间形态必将与现代的生活模式发生冲突，问题也随即应运而生，对于首都核心区街道来说亦是如此。

5.1.1 现代化交通对街道空间的冲击

首都核心区的街道经历元明清三朝的发展演变，已经形成了适宜于传统街道通行交流的空间尺度与风貌肌理，随着现代科技技术的发展，现代交通逐渐成为北京的主要出行方式，不同交通方式对于街道尺度的要求皆有所不同，进而与传统的街道空间产生矛盾冲突。其主要体现在：①首都核心区内现存大量适宜人行且尺度宽窄不一的胡同，现代机动车进入胡同时，不仅严重影响胡同的通行顺畅，降低行人在胡同中的步行体验，同时乱停车现象也对胡同的风貌环境产生一定破坏；②现代的城市街道设计以通行与效率为主，单一的空间、单调的长距离规划成为主流；③街道现代景观设计形式手法过于单一，街道景观缺乏特色，景观难以使用。

5.1.2 不同文化在街道空间的相互影响

首都核心区发展历史悠久，造就了文化多元且丰富的北京城市文化形象，这点在核心区街道空间中有着相当程度的体现。但是，对于不同街道，其主要文化气质皆有不同，街道的文化特色也具有明显差异，这与统一的街道规划设计理念有所出入。

5.1.3 "假古董"设计对街道文化气质的破坏

首都核心区的街道历史文化底蕴丰富，设计过程中也愈发重视对于文化的保护与传承。但是在设计过程中部分设计仍存在不符合传统建筑设计规制的"假古董"的情况，这不仅仅对街道本身的文化产生严重破坏，同时也使得人们对于街道文化、甚至传统建筑文化产生一定程度的误读。

5.2 首都核心区街道设计导则的编制原则

首都核心区街道设计导则的编制，应从多个方面实现城市与街道空间的结合：从行人心理与行为方面满足街道空间的舒适性与宜居性；从城市文化保护与发展方面满足街道文化的传承与发扬，打造彰显北京历史，塑造文化之都的首都形象，实现首都文化的认同感；并且因地制宜，实现首都核心区街道空间的有机、可持续发展。

5.2.1 以人为本的人性化设计原则

行人作为街道空间的主要使用对象，人们的外部公共空间活动规律及需求即成为街道设计的重要依据与标准。首都核心区街道空间文化底蕴丰富，从观赏游览的角度来说，步行的通行方式不仅可以更为舒适地游览与观赏，同时也是了解北京历史、感受老城文化的最优解，因此，在首都核心区街道设计导则的编制中，应以街道的人性化设计原则作为编制基础，充分考虑街道空间中人行的需求，考虑公众思想，提升空间利用率；同时亦可在街道规划设计的过程中提升公众参与的内容，让公众成为首都核心区街道规划设计过程的参与者，完善自下而上的决策过程，使得街道的规划设计更加合理。

5.2.2 凸显文化特色的设计原则

我国的大部分城市都历经百年甚至千年的演变与发展，其空间本身已经承载着浓厚的历史印记与文化底蕴，对于不同的城市，其不同的地理区位、历史背景以及发展历程，造就了各不相同城市文化底蕴与形象气质，城市未来的文化发展与形象塑造也有所区别。

文化作为首都核心区街道设计导则的核心关注点与研究角度，其探讨的核心问题即是在如何系统有机地保护传承首都核心区街道空间中的历史文化底蕴的同时，对街道的历史文化进行现代演绎与未来发展，使首都核心区的历史文化与未来发展对话，唤醒街道历史底蕴，提升街道文化形象，增强街道文化自信，激发街道文化活力。

5.2.3 整体性设计原则

街道犹如城市的"血管"，虽然各分其职，但仍是城市系统中统一并完整的一环，对于文化来说亦是如此。街道的文化不仅仅单纯体现在街道空间中，更是对城市文化的传承与发扬起到重要的作用。对于首都核心区街道空间而言，在保护传承街道历史文化的过程中，不应仅仅关注街道空间本身，应从更大的尺度、视角进行整体设计，在街区尺度下进行系统分析与研究，对街道的文化进行分级分类研究，以保证整个街区文化的统一与协调，并在此基础上针对每条街道的文化特点进行分项研究，以求在整体协调中挖掘街道本身的独特性。

5.2.4 可持续发展原则

街道空间的可持续发展表现在规划设计建设过程中的方方面面，对于首都核心区街道设计来说，街道的可持续发展不仅仅对于街道本身品质有一定提升，也对于街道生态可持续发展、街区生态保护与提升，甚至城市整体生态格局的提升有一定积极作用。

5.3 首都核心区街道设计导则编制思路与方法

根据前文对街道设计导则发展的研究与从文化基因理论入手对街道类型的理论探索，笔者结合实践，以首都核心区街道为研究对象，以提升街道文化为设计目标，对文化底蕴深厚的城市街道设计导则进行一定的研究与探索。

5.3.1 导则编制思路

5.3.1.1 "理性空间设计"向"感性文化主导"转变

传统的街道设计导则编制，皆以街道空间本身作为设计主体，主要关注点为街道空间的理想效果与人车共享的美好愿景，而文化本身则作为街道独特性的一面进行诠释。对于首都核心区而言，历史积淀与文化传承对于其外显的城市格局与内隐的城市精神都有着决定性作用，因此，首都核心区街道设计导则在对街道空间与人车关系思考的基础上，将文化提升作为老城街道品质提升的核心，挖掘街道理性空间之下感性的一面，更好地把不同时期、不同人对街道的传承与现代人的街道生活联结起来，实现相同空间中过去与现代的有机对话，挖掘老城文化内涵，提升街道文化活力。

5.3.1.2 "强调交通属性"向"挖掘历史积淀"转变

随着当今世界科技不断发展，城市汽车成为主要交通出行方式，在街道设计导则的编制与街道设计过程中，多以注重街道交通通达为基础，进而关注街道环境的打造与人在街道空间中的体验。对于首都核心区街道设计导则来说，以挖掘街道历史文化为核心，提升首都核心区文化彰显力，再现核心区街道浓郁历史底蕴与时代魅力。

5.3.1.3 "线性街道把控"向"文化渗透街区"转变

传统的街道设计，多以单一线性的街道空间为研究主体，缺乏对街区整体统筹把控的系统研究。首都核心区街道设计导则关注街道文化内涵，而不同的文化所辐射影响的范围与尺度皆不同，且相互之间也有一定的联系，在研究过程中应更关注文化本身对街道层面甚至街区层面的影响，从实体空间设计与精神文化打造多个方面共同探寻首都核心区历史文化的发展思路，将文化渗透进街区。

5.3.2 导则编制方法

5.3.2.1 人文思想统筹老城整体风貌

历史底蕴深厚、文化气息浓郁的街道本身并非是直接"规划"出来的，伴随着时间发展，不同时期的变革、不同人的生活所带来的种种影响，不断对街道本身形成潜移默化的影响。首都核心区历史悠久，其深厚的历史文化底蕴亦是无数代人与环境不断融合发展所致，因此对于北京老城来说，以人为设计目标，以历史文化为设计之根基，才能更科学、更有机地保护老城传统风貌，并更好地将历史传统与现代生活相结合。

5.3.2.2 文化基因主导街道气质类型

文化基因作为首都核心区历史文化的基本遗传单元，对街道空间本身的文化气质有着重要的影响。通过前文对街道文化要素提取、文化基因体系构建与权重评价分级，并以街道文化基因浓郁度分类体系作为街道文化基因浓郁与否的系统评价体系，对街道文化浓郁程度进行分类分级，以此作为首都核心区街道导则中街道类型划分依据，对不同类型街道分别提出相应的街道环境与文化提升设计指引，既满足对街道环境品质提升的需求，也可以合理科学地对街道的文化气质进行挖掘、转译。

5.3.2.3 文化元素把控街道设计细节

通过前文对街道文化元素进行提取并构架街道文化基因谱系，系统梳理了对街道具有文化影响力的文化元素。针对街道设计导则中的街道要素指引，以对街道空间环境有重要影响的文化元素为指引对象，分别提出相应的设计指引，统筹把控街道细节，打造文化氛围浓郁、环境精致的首都核心区街道。

5.4 首都核心区街道风貌总体指引研究

5.4.1 街区文化的整体提升

保护传承首都核心区街道传统风貌，保护传统街巷空间尺度与空间氛围，对沿街传统建筑以整理为主，保留其历史原味，恢复建筑本来面貌；对传统街道中不符合风貌的建筑以整治和改造为主，建筑设计与改造应遵循传统北方民居规制，不过度装饰。保护街道重要历史景观，对古井、古桥、古树名木进行保护的同时应提升其文化宣传力。

5.4.2 街道历史的系统挖掘

发掘街道历史文脉，深入研究首都核心区街道文化底蕴，探寻街道深层的历史文化内涵，了解街道的背后故事与历史，通过设计手法提升街道文化的表现力，激发街道活力，提升首都核心区街道的历史文化气质。

5.4.3 新旧文化的有机交融

首都核心区内街道文化丰富，既有传统风貌也有现代风貌，在规划设计中应充分考虑新旧交融，既要传承传统街巷空间的韵味，又应保证街道的历史原真性，不做"假古董"以及粗制滥造的"仿古董"；同时，针对历史文化底蕴较弱的现代规划街道，应以打造首都精致典雅的街道形象、凸显街道现代气质为目标，整合街道设施，打造宜人的尺度、舒适的景观与便捷的设施，提升街道景观形象。对街道设施也应运用艺术化的设计，形成优美、充满现代艺术气息的首都街道氛围。

5.4.4 景观细节的艺术刻画

首都核心区传统街道本身具有中国传统街巷空间的秩序美与趣味美，同时，沿街建筑小品的细节也充分凸显过去传统工匠的艺术造诣，在对当今街道空间进行提升设计时，应结合街道历史文化底蕴，运用艺术化手法，将文化本身美学提升并融入街道空间中，丰富街道艺术气息，提升街道美学品位。

5.5 首都核心区街道类型指引研究

通过前文以文化基因浓郁度对街道分类的方法探索，针对首都核心区街道空间类型，本书提出甲、乙、丙、丁4种不同文化蕴含程度的街道类型，并以此为导则类型，分类提出相应的设计指引。

5.5.1 街道类型甲设计指引

5.5.1.1 街道类型甲设计总则

类型甲的街道特指首都核心区中显性文化基因与隐性文化基因皆较为浓郁的街道，这类街道多位于33片历史文化街区中。此类型街道根据街道空间类型分为两种：街道类型甲-1（类型甲街道中不具有现代交通规划道路的街道，多指胡同）和街道类型甲-2（类型甲街道中具有现代交通规划道路的街道）。

在对类型甲街道总体指引时，应以保留街道的历史原真性与完整性为首要目标，严格遵循传统规制保护，修缮胡同中的文化要素，提升文化表现力；保护胡同名等非物质要素，挖掘和展现地域特色和历史文化内涵；传统建筑修缮、翻建、改建时应采用传统工艺、传统做法，采用传统规制的形式与技术；针对街道景观小品，在加大对古树名木、古井、古桥、古牌楼等植物、小品保护的同时，也应加强其保护知识传播力度；对于胡同的景观设施，应在设计中充分挖掘胡同本身的历史文化故事，选用的材料色彩等要素应与胡同整体风貌协调。

5.5.1.2 典型街道案例研究

史家胡同作为首都核心区中街道历史文化浓郁程度最高的胡同之一，现状中对胡同本身的历史文化底蕴保护较好，同时也有一定的文化传承与发扬策略，因此，在设计指引过程中，应以胡同细节设计为主，提升胡同细节设计对于胡同文化气质的表现与转译。

东交民巷作为首都核心区中街道历史文化浓郁度最高的现代街道之一，其在北京城独特的空间风貌特点、在中国近代历史中重要的地位，使东交民巷本身便具有异于北京城其他街道的独特文化魅力。因此，在对东交民巷进行设计指引时，应在对其街道设施进行优化的同时，保证其与街道文化气质协调，进一步提升街道文化表现力。

（1）类型甲-1 典型街道设计指引——史家胡同

史家胡同（部分段）现状指引对比　　　　　　　　　　　　　　表 5-1

史家胡同（部分段）现状模式图	史家胡同（部分段）设计指引模式图
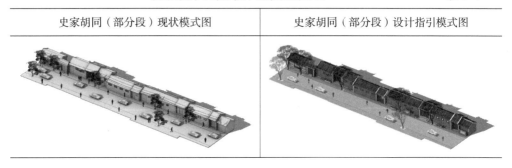	

史家胡同街道历史遗存丰富，街道生活气息浓郁，但街道现状缺少符合胡同本身文化气质的城市家具以及艺术化处理的标识设计。因此，在家具艺术标识设计上应突出胡同的主题要素，设计材料、色彩、形式应与胡同风貌协调；应在适当位置补足景观小品，小品形式应简洁大方，保持传统尺度，可参考使用传统风貌的材料与色彩。

史家胡同在设计中在对现状树木保护的基础上，利用胡同"边角空间"进行绿化，在适当的地方增加点景，"见缝插绿"，同时在满足通行的基本需求基础上安装休憩设施，种植箱等设施的形式、材料应符合北京胡同传统风貌。

史家胡同在设计中应取消户外广告屏、霓虹灯、投影灯等现代照明设施，不得出现尺度过大、亮度过高、色彩过于鲜艳的建筑照明；胡同街巷照明缺乏，应适当补充，保证行人夜行安全；照明灯具的材料、形式应延续传统胡同风貌特点，提升胡同传统气质。

（2）类型甲-2 典型街道设计指引——东交民巷

东交民巷（部分段）现状指引对比　　　　　　　　　　　　　　　表5-2

东交民巷（部分段）现状模式图	东交民巷（部分段）设计指引模式图
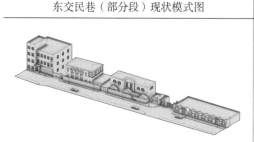	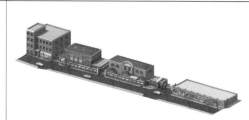

东交民巷沿街建筑有浓厚的西方古典建筑色彩，街巷照明也应遵循街巷风貌，形式与色彩、材料应侧重西式古典风格，沿街采用暖色光源，与周边环境相协调，减少户外广告屏、霓虹灯、投影灯等风格过于现代的照明设施。

东交民巷两侧建筑沿街出入口大门形式应与街道风貌气质相符，建议按照原有形式仿建，或采用形式色彩符合西式古典风格的大门，以遵循、延续东交民巷的街道气质。

东交民巷沿街历史建筑数量众多、历史底蕴深厚，记载着中国近代的外交历史与国家公安历史，因此，在设计中对行人进行历史文化的有效传达至关重要，建议沿街摆放公告栏与导视牌，对大众进行街道历史及两侧传统建筑历史故事的普及，公告栏及历史景点导视牌的形式与材料等设计要素可参考传统形式与风格，也可在此基础上增加一定程度的现代设计。

5.5.2 街道类型乙设计指引

5.5.2.1 街道类型乙设计总则

街道类型乙指首都核心区街道中存在部分显性文化基因，隐性文化基因较为浓郁的街道，这类街道多位于首都老城中。此类型街道根据街道空间类型可分为两种：街道类型乙-1（类型乙街道中不具有现代交通规划道路的街道，多指胡同）和街道类型乙-2（类型乙街道中具有现代交通规划道路的街道）。

针对类型乙的街道，首先应保留街道的历史原真性，在满足街道整体风貌的同时，可采用新的设计手法与技术，提升街道风貌完整性。可以设置智慧艺术装置，运用声音、气味、光线等现代媒介，合理再现传统文化特点，新旧结合，丰富文化传播途径，提升文化传播力。

5.5.2.2 典型街道案例研究

石头胡同作为首都核心区中街道文化底蕴较为浓郁的胡同之一，胡同空间中极具生活氛围，又毗邻大栅栏，且胡同中传统建筑遗存丰富，胡同传统氛围浓郁。因此，在设计指引的过程中应以胡同空间风貌恢复为重点，还原胡同本身的历史传统魅力，在提升胡同本身的文化底蕴宣传力、提升胡同生活魅力的同时，挖掘胡同内在的戏曲文化。

阜成门内大街作为首都核心区中街道文化底蕴较为浓郁的现代街道之一，街道本身在北京城中具有重要地位。街道文化遗产、遗存丰富，街道两侧呈现两种完全不同的文化气质，道路北侧以白塔寺为核心的传统文化片区体现传统北京老城的文化魅力，街道南侧的金融街片区尽显现代北京城的时代气息，两种不同时期的文化在阜成门大街产生交融。因此在设计指引过程中，应以街道两侧新旧文化交融为重点，凸显古新融汇的特点。

（1）类型乙-1典型街道设计指引——石头胡同

石头胡同（部分段）现状指引对比　　　　　　　　　　表 5-3

石头胡同（部分段）现状模式图	石头胡同（部分段）设计指引模式图
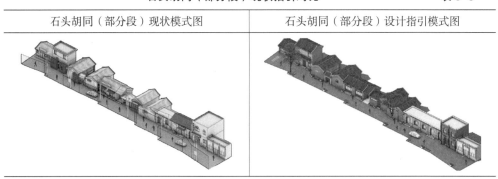	

石头胡同的家具艺术标识设计应突出胡同的物质风貌要素与非物质历史人文主题，在形式与材料的选择上应契合胡同本身传统风格，同时，由于石头胡同戏曲文化与摄影文化历史悠久，应在设计时加入相关文化符号，凸显胡同文化内涵，在标识设计时也应增加对胡同传统物质与非物质文化的宣传，赋予胡同更多的艺术文化气息。

石头胡同在设计时应在空间适当的地方增加点景植物以及相应休憩设施，增加艺术绿化美化空间，"见缝插绿"，设施及种植箱等设施形式材料应符合北京胡同传统风貌。

石头胡同沿街建筑外立面门窗的样式、材质、尺寸大小应与建筑风貌协调。原则上不得在山墙开门开窗，不得在后檐墙或倒座墙上开大面积外窗。门窗形式在遵循胡同风貌基础上可以进行一定的艺术创新，为胡同本身增加现代亮点。

石头胡同的街巷照明沿街宜采用暖色光源，与周边环境相协调；若采用灯杆，其高度应控制在 2.5 米左右；①胡同内商业丰富，切忌使用体量过大、颜色过于鲜艳、形式过于现代的店招广告牌，保持朴素简洁的胡同气质。

---

① 北京市规划和国土资源管理委员会规划西城分局，北京建筑大学建筑与城市规划学院.北京西城街区整理城市设计导则[M].北京：中国建筑工业出版社，2018.

（2）类型乙-2典型街道设计指引——阜成门内大街

阜成门内大街（部分段）现状指引对比　　　　表5-4

阜成门内大街（部分段）现状模式图	阜成门内大街（部分段）设计指引模式图
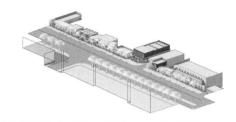	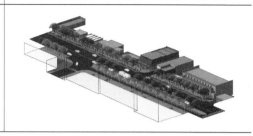

阜成门内大街在设计中应重视家具标识的文化艺术打造，突出阜成门内大街街道历史文化内涵，设计材料、色彩、形式在满足传统风貌基础上，可进行一定程度的艺术创新；应在适当位置补足景观小品且形式应简洁大方，保持传统尺度，可参考使用传统风貌的材料与色彩。可通过艺术标识及宣传牌的方式，扩大对阜成门内大街宗教文化等非物质文化的宣传与普及。

阜成门内大街现状仍保留大量植物与古树名木，在保护现有植被的同时，应丰富机非隔离带的种植空间，在人行空间增绿补绿，并配置相应的游憩设施，满足人们视觉观赏与使用需求，种植箱等街道设施形式与材料应符合街道传统风貌，可古新结合，进行一定程度的艺术创新。

5.5.3 街道类型丙设计指引

5.5.3.1 街道类型丙设计总则

街道类型丙指首都核心区内有较少显性文化基因，同时街道隐性文化基因较为浓郁的具有现代交通规划道路的街道。丙类型的街道现状多为现代街道，物质空间中多为现代规划设计，明显的历史物质遗存较少甚至已经消失，但街道本身具有丰富的历史沿革等非物质遗存，这等精神文化财富也为街道本身赋予了一定的历史价值与街道文化底蕴。

针对类型丙的街道，应充分挖掘街道隐性文化故事与历史事件，提升街道隐性文化气质与内涵，空间处理上不应作假古董，可采用现代艺术手法传承街道历史与文化基因，打造现代街景与传统印记交织的街道。

5.5.3.2 典型街道案例研究——西单北大街

西单北大街作为首都核心区中文化浓郁度较少的现代街道之一，其现代街道空间的背后具有丰厚的历史底蕴与精神文化内涵。因此在设计指引过程中，应在保留现代城市空间风貌基础上，挖掘街道内隐文化底蕴，并运用现代艺术设计手法，打造现代感强、艺术气息浓郁的文化街道。

西单北大街（部分段）现状指引对比　　　　表 5-5

西单北大街（部分段）现状模式图	西单北大街（部分段）设计指引模式图
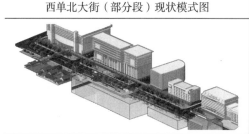	

西单北大街属于商业密集区，在步行街设计中应丰富街道小品设计并体现文化艺术性，在满足功能的前提下尽量体现创造力，同时发掘西单北大街传统历史底蕴。

在家具艺术标识方面突出商旅文化元素，凸显历史、文化因子的同时释放现代时尚的活力。

西单北大街在设计时，应在不遮挡商业建筑里面的前提下，营造有当地特色的林下空间并考虑季相变化的丰富性。可以考虑局部空间点植绿化与休憩座椅、垃圾桶等城市家具相结合，增加节点设计的趣味性。

西单北大街商业街照明应以建筑外泛光为主，沿街灯杆需结合街道风格共同设计，装饰性照明与城市家具整体考虑；避免大面积地面照明，减少眩光。

5.5.4 街道类型丁设计指引

5.5.4.1 街道类型丁设计总则

街道类型丁指首都核心区内文化基因浓郁度最低的街道。类型丁的街道多位于首都核心区内、二环老城外，为中华人民共和国成立后统一规划设计的道路，街道本身并无历史遗存。

针对类型丁的街道，以突显街道现代典雅气质为核心，采用现代艺术手法，创造环境优美、现代气息浓厚的街道。

5.5.4.2 典型街道案例研究——新康路

新康路作为首都核心区中无历史底蕴的生活性现代街道之一，在设计指引过程中，应在保障人行舒适的基础上，提升街道现代艺术气息，打造精致富有趣味的城市街道形象。

针对新康路的设计，街巷照明要满足照度要求并符合《北京市夜景照明管理办法》（京政办发〔2008〕27号）以及相应的照明规划；街巷照明在满足需求的基础上，可以适当增加一些趣味性的装饰照明，丰富街道的现代感，增强现代城市艺术的表现力。

新康路景观绿植设计应兼顾活动与景观需求，选择丰富的植物种类，增加景观层次、色彩多样性和街道识别性。同时，景观设计也应考虑生态技术的应用。

新康路（部分段）现状指引对比	表 5-6
新康路（部分段）现状模式图	新康路（部分段）设计指引模式图

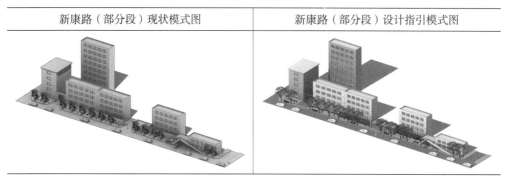

新康路应适当补足城市家具与城市布品，城市家具要满足市民生活需要，并结合街道风貌摆设，为街道注入活力，材料、形式应简洁新颖，彰显首都核心区街道精致典雅的特点与风貌。

设计中应注意保障人行与机动车分流与人行安全，在护围栏设计时应在形式与色彩上与周边环境协调，可有一定创新；同时应在路口等人流量较为集中处设置一定数量的非机动车停车区，可与城市家具结合，提升新康路的艺术化品位与街道趣味性。

5.6 首都核心区街道文化基因设计指引研究

5.6.1 首都核心区街道文化基因要素研究内容

本次基于文化基因浓郁度的首都核心区街道景观设计导则以街道实体空间载体为主要设计指引对象，街道尺度这一要素涉及的内容及影响因素较多，故不列入设计范围内；建筑立面屋面等问题涉及建筑设计、古建保护、结构等多专业，在本导则中不做重点要求。本导则重点设计指引对象为街道景观小品及设施，包括：建筑配饰、街道历史景观、街道雕塑与布品、街道绿化、街道标识系统、街道市政设施优化、街道照明等，分别对这些要素进行设计指引并提出优化意见。同时，针对街道隐性文化基因，本导则注重提出更多有助于传承以及发扬街道隐性文化基因的设计指引。

5.6.2 街道显性文化基因设计指引

首都核心区街道显性文化基因作为街道空间中文化彰显力与表现力最强、对街道空间文化气质影响最深的文化基因类别，在进行设计指引时，应以挖掘街道文化基因深层次内涵为基础，并结合现代文化与街道功能，在不破坏文化原真性的基础上，彰显历史文化的同时也根据街道文化内涵的不同与现代文化进行一定的融合与协调。

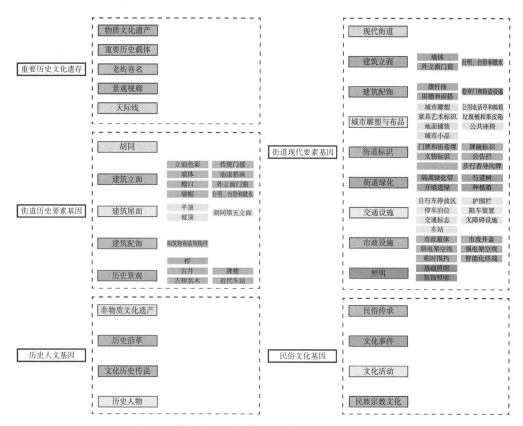

图5-1 首都核心区街道景观设计导则设计指引范围

5.6.2.1 重要历史文化遗存设计指引

物质文化遗产本身应严格遵守国家的各项规定加以保护。其周边的街道、胡同应在设计的过程中与文化遗产的风貌相协调，街道应体现曾经文化遗产的痕迹，可采用地面浮雕、指示牌匾等不破坏街巷尺度的形式。同时，其周边街道也应在一定程度上对文化遗产本身进行一定的宣传与引导，设计过程中可创作一系列体现文化遗产的艺术符号，美化街道同时彰显文化遗产本身的影响力。街道中的各级文保单位应依据有关法律法规对其进行严格的保护与修缮，对于列入《北京优秀近现代建筑保护名录》、文物普查项的建筑以及历史建筑也应对其进行相应的保护与修缮。

老街巷名：保留现状传统名称并深入挖掘街巷故事，可采用说明牌的方式对首都核心区内每条老街巷名进行传承宣传，说明牌的形式与材料应与街道风貌协调；同时，可以老街巷名为基础，进行一系列艺术化图标的创作，提升街道艺术表现力与文化普及度；街区层面也可针对老街巷名定期组织社会活动，普及北京胡同名的历史由来，提升老街巷名影响力。

景观视廊：保护首都核心区内的7条城市景观视廊，强化景观视廊的宣传力度，提升市民与游客对景观视廊的关注度（图5-2）。

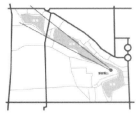  

图5-2 银锭观山与城市对景（白塔寺）

天际线：严格保护首都核心区街道天际线，严格控制首都核心区内文化基因浓郁的街道的屋面与高度，保护传承传统街巷丰富延绵的城市天际风貌，对街道沿街建筑屋面的违建加建应及时清理。

5.6.2.2 街道历史要素基因设计指引

胡同：应严格控制首都核心区胡同空间尺度，保证胡同路面干净整洁，针对不同宽度的胡同，提出不同的通行方式：原则上3米以下和3~5米胡同，可组织步行、自行车交通，两侧均不得施划机动车停车泊位。5~7米胡同可组织单向机动车交通。7米以上胡同可组织单向机动车交通，并在一侧设置停车泊位，但需预留宽度不小于3.5米的消防通道，并纳入城市机动车交通组织管理体系，不得停车。①停车泊位以不破坏传统风貌、方便居民出行为原则适当设置。

建筑配饰：应严格保护街巷胡同空间内各类具有保护价值的构筑物和建筑装饰构件，核心区中常见的主要装饰构件有牌坊、影壁、石狮、抱鼓石等；对街道中有价值的装饰构件应按照文物保护做法进行修缮，新建需按传统规制建设，不得胡乱搭配，保护过程中也应做宣传牌，向行人普及传统建筑知识；严禁出现与传统风貌不符的构筑物及装饰构件（图5-3）。

图5-3 建筑配饰（石狮、下马石）意向

历史景观：古井、古桥等传统生活性景观小品是古代人们生产生活的必需品，应充分考察、挖掘古井、古桥的成因与故事，并增加解释说明的标牌、小品和雕塑，充分展示与发扬历史印记。针对胡同现存树木，对于古树名木等保护类树木应按

---

① 北京市规划和国土资源管理委员会规划西城分局，北京建筑大学建筑与城市规划学院. 北京西城街区整理城市设计导则 [M]. 北京：中国建筑工业出版社，2018(1): 118-119.

图5-4 街道历史景观保护意向

照《北京市古树名木保护管理条例》的相关规定进行保护，对于准保护类树木（胸径25厘米以上）也应参照执行，[①] 同时应充分挖掘古树背后的历史事件和居民记忆，设置围护栏和讲解牌，同时可设立数据库与二维码，利用现代技术对古树名木进行全方位展示。保护现有牌楼，若修缮应遵守各级文物保护的相关规定。对于影壁，街道常见的主要是门外影壁和门侧影壁，应按照各级文物保护标准进行修缮、整理（图5-4）。

5.6.2.3 街道现代要素基因设计指引

现代街道：保证街道干净整洁，对于类型甲、乙的现代街道，应从人行铺装、色彩等方面与沿街传统建筑风貌协调；对类型丙、丁的现代街道，应在发掘街道本身文化价值底蕴的同时，彰显首都核心区街道的艺术氛围与现代气质（图5-5）。

图5-5 现代街道风貌意向

城市雕塑：城市雕塑记载着城市悠久的历史以及城市的发展和变化。应选择与周边风貌匹配的雕塑，相邻的雕塑应具有特定的文化体系。

针对甲、乙类街道，根据《北京历史文化名城保护规划》，在33片历史文化街区之中不再增添新的雕塑建设，历史文化街区中街道雕塑应以修缮为主，可根据需要摆放临时性雕塑作品，灵活性和不改变原景观风貌相结合。[②] 不在限制范围内的，应在不影响胡同整体风貌的条件下适当增加小尺度的雕塑，雕塑尽量选择与周边风格相类似的材质，可以适当摆放符合街道风貌的临时雕塑（图5-6）。

针对丙、丁类街道，应挖掘文化基因相关内涵，采用新材料、新手法塑造城市

---

① 刘鹏. 我国古树名木保护法律制度研究[D]. 湖南师范大学，2011.
② 朱永杰，韩光辉，吴承忠. 北京旧城历史街区保护现状与对策研究[J]. 城市发展研究，2018，25(05)：1-6.

图5-6　城市雕塑设计意向图1

雕塑，使历史和现代相融合，充分展示雕塑的艺术魅力。雕塑本身应美观坚固，材料应朴素大方，纪念性雕塑应彰显庄重气质，并建议赋予一定涵义、体现一种精神、传递一种文化。环境装饰类雕塑可采用较为新颖的创造手法（图5-7）。

图5-7　城市雕塑设计意向图2

地面铺装：针对甲类街道，机动车通行的胡同可采用透水沥青路面；机动车不通行的胡同可采用透水性好、耐污染性强、清扫方便、平整耐磨并与传统风貌相协调的材料；针对乙类街道，地面铺装应体现街道的传统风格，同时可适当增加现代元素，可运用现代材料与工艺来体现传统街道的文化内涵。

针对丙类街道，地面铺装应符合街道风貌，同时应地面平整、防滑，建议尽量采用透水铺砖，同时在适宜的地方增加不占用人行通道的城市外摆；针对丁类街道，铺装形式、色彩符合精致典雅的风格，同时应地面平整、防滑，建议尽量采用透水铺砖。

城市小品：在街道设置城市小品时，应因地因需，统一规划，合理设置，样式、色彩、材料等应与周围环境相协调，凸显街道历史、文化底蕴内涵，在满足街道功能需求的同时，运用艺术化手法彰显街道本身文化氛围。

街道标识：门牌和街巷牌应统一设置位置，有序放置。并应符合《门牌、楼牌设置规范》DB11/T 856—2012，严禁遮挡、损坏、无序摆放；文物标识应按照《文物保护单位标志》GB/T 22527—2008 的规定设置；[①] 历史资源说明牌应统一设计，易于识读，并做到外观简洁、雅致且能够体现北京街巷胡同特色；牌匾标识符合《北京市牌匾标识设置管理规范》（京管发〔2017〕140 号）相关规定，牌匾标识的形式、色彩、灯光色彩等应与建筑风格和胡同风貌相协调；步行者导向牌应根据《城市道

---

① 杨丽霞. 新世纪我国文物类建筑遗产管理的若干基础性问题研究 [D]. 东南大学，2012.

图5-8 街道标识设计意向

路公共服务设施设置与管理规范》DB11/T 500—2016 进行设置;① 街巷内的公益宣传栏由区城市管理部门统一规划,并组织属地街道办事处统一设置、统筹安排使用,不得影响周边环境风貌和正常通行(图 5-8)。

街道绿化:针对甲、乙类型的街道,沿街围墙应有特色,可于适当位置开墙透绿,围栏应注重与传统风貌协调,设置形式应整齐、美观。胡同绿化应具有遮阴效果,"见缝插绿",在适当空间增加绿植,遮阴的同时亦可做点景,沿街建筑可采用垂直绿化方式,并与艺术小品结合,增加胡同艺术气息。在不影响胡同基本通行的基础上,补植乔木做行道树,不能种松柏树且不宜种杨柳树;树池外形、砌法、材料也应符合老北京传统,宜选用灰砖等质朴的材料(图 5-9)。

图5-9 街道绿化设计意向

针对丙、丁类型的街道,应选择丰富的植物种类,提升街道景观多样性;花池、树池形式简洁大方,以青、灰色调为主,宜采用灰砖、青瓦、灰色亚光石材或仿古面砖等,可与室外公共座椅等功能整合设计。

街道照明:针对甲、乙类型的街道,沿街采用暖色光源,以与周边环境相协调。若采用灯杆,其高度应控制在 2.5 米左右。街巷胡同内不得连续大面积采用户外广告屏、霓虹灯、投影灯等,不得出现尺度过大、亮度过高、色彩过于鲜艳的建筑照明,灯具材质、形式、色彩等应与街道本身文化气质协调。

针对丙、丁类型的街道,街巷照明应满足照度要求并符合《北京市夜景照明管理办法》(京政办发〔2008〕27 号)以及相应的照明规划,灯具材料、风格与街道整体风格协调,可在形式材料等方面做一定程度的创新设计,凸显时代感;公共建筑、沿街商店均应按规定安装装饰照明,各类广告牌匾灯光按规定设置(图 5-10)。

---

① 万敏,秦珊珊,干婕.城市家具及其类型学规划设计方法研究——以珠海市城市家具设置规划为例[J].中国园林,2015,31(12):50-55.

图5-10　街巷照明设计意向

5.6.3 街道隐性文化基因设计指引

首都核心区街道隐性文化基因虽不像显性文化基因那样表现力强，但其能够彰显街道本身的历史烙印与文化底蕴，以及人们街道空间中发生的种种事件，对街道文化有着更为深层、更为浓厚的影响。针对街道的隐性文化基因设计提升，应以挖掘街道精神文化内涵为主，通过具体的文化内容加以展示，提升其表现力，同时，也应从街区层面上策划一系列文化活动，提升市民游客对于街道传统文化与历史故事的了解，优化街道文化的活力与社会影响力，进而更好地对街道隐性文化进行传承与发扬。

5.6.3.1 历史人文基因设计指引

非物质文化遗产：保护与合理传承历史文化街区所承载的传统文化及非物质文化遗产，包括与传统文化及非物质文化遗产相互依存的空间。除已列入名录的非物质文化遗产及其承载地，应深入挖掘街道隐含的非物质文化遗产遗存，对传统手工艺进行现代化转译，提升本地居民与外来游客对街道非物质文化遗产的热情度。

历史沿革：对胡同历史的深入研究可深入了解胡同成因与形制特征，设计中可相应布置街道历史文化导视牌，对胡同历史进行宣传（图5-11）。

图5-11　街道历史沿革传承意向

文化历史传说：应充分挖掘史料，分析街道留存的历史传说，可在街道的设立一些符合风貌的设施，宣传文化历史传说，也可在胡同墙面布置胡同文化历史传说主题的艺术创作，但形式不可与胡同风貌过于冲突。

历史人物：街巷之中的历史人物应统一按照修缮标准修建纪念馆等设施，同时在街道之中应体现人物过去的历史故事，可设立地面浮雕、雕塑等纪念设施（图5-12）。

图 5-12　街道历史人物文化传承意向

5.6.3.2 民俗文化基因设计指引

民俗传承：首都核心区内有条件的胡同街道应设立固定的民俗传承宣传点，若街道无足够空间条件，可结合铺装、立面进行宣传，也可定期组织社区活动，对民俗传承进行科普教育，提升民俗传承的影响力。

文化事件：需要充分调研整体文化事件的起因、过程等，同时街道胡同应设立整体的历史还原性艺术创作，如老照片、现代图标等。

文化活动：尽量保留街道上的文化活动场所，保障街道胡同里人的活动，同时可以联合街区社区共同举办文化活动，吸引更多人的关注与参与，提升街道文化活动影响力。

民族宗教文化：街道胡同中有时会出现宗教活动的聚集，应适当保留并传承，尊重宗教文化，在街道景观设计时可在小品等设施设计中合理加入宗教色彩，提升街道宗教文化气质（图 5-13）。

图5-13　街道民族宗教文化传承意向

5.7　小结

本章基于前文中对街道文化基因进行的广泛提取与文化基因谱系的构建，针对街道文化基因浓郁度不同建立街道文化基因浓郁度评价体系，并对街道进行分型划分。在此基础上，笔者结合国内外街道设计导则的理论与实践研究，以提升街道文化为突破口，提出基于文化基因的首都核心区街道设计导则的编制方法与内容。

导则以挖掘街道文化底蕴、提升街道文化气质、激活街道文化活力为目标,从街道风貌总体设计指引、街道类型设计指引、街道文化基因设计指引三方面对首都核心区街道空间的文化传承与发展提出方向与思路,从街区到街道、从整体风貌到局部细节,分别对首都核心区街道空间中的文化内涵进行深入挖掘,提出系统、全面、科学、深入的街道设计导则编制方法与思考。

第 6 章 结论与创新

北京作为一座具有三千年历史文化的古城,同时也是我国首都,不仅具有浓厚的历史底蕴,更是世界认识中国城市、了解中国历史文化的一扇重要窗口。首都核心区作为北京最重要、文化气氛最为浓郁的片区,不仅是国家政治核心,也承载着元明清三朝百年的文化传承。对于北京核心区来说,街道不仅仅是人们出行交流的场所,更是承载老北京文化意蕴的重要载体,随着人们对于传统文化的保护日趋重视,越来越多的专家与学者更关注首都核心区街道的历史修复与文化复兴,但是在保护修缮的过程中,对于整个核心区的文化风貌把控和提升研究却还处于起步阶段,街道文化提升并未有统一的方向与思路,街道文化内涵的多少也无法评价与定性,甚至还出现很多"假古董""文化面子工程"等有悖于真正的文化形制的成果。基于此,本文通过运用文化基因的相关理论,尝试对首都核心区街道的文化基因进行提取分级,以此为街道文化基因浓郁度的评价标准,进而对相应的分类方法进行思考,最终对以文化保护为核心的首都核心区街道设计导则的编制进行探索。

6.1 结论

(1)街道空间文化基因提取与文化基因浓郁度评价结论

文化基因作为整个文化体系脉络中的基本单元,既可以体现文化本身的原真价值,也可以从其内部关系与特征中找到结合当下文化背景对传统文化进行保护与传承的科学的方法。首都核心区文化底蕴丰富,核心区街道风格多样,文化要素众多且具有较高的文化价值,故构建文化基因谱系对于系统科学地保护传承街道文化有着重要的基础意义。文化基因由于其现存载体、文化影响力的不同,其在整个文化基因谱系中也会处于不同的位置,笔者以文化基因的载体形式为主要分类原则,将街道文化基因分为显性文化基因与隐性文化基因,在此基础上以文化基因的影响力不同进一步细分,显性文化基因可细分为重要历史文化遗存、街道历史要素基因与街道现代要素基因,隐性文化基因可细分为历史人文基因与民俗文化基因,并结合前期调研对首都核心区街道空间中提取的文化元素,构建不同的文化基因族群,建立首都核心区街道文化基因谱系。

对于首都核心区街道来说,每一条街的文化基因浓郁程度皆有不同,如需以整个核心区为研究层面进行分析,势必需要对核心区的街道以及街道文化基因浓郁度的不同进行分类。首先,针对明确科学的分类标准,笔者运用德尔菲法与层次分析法,对街道文化基因谱系中的浓郁度评价因子进行权重评价,通过专家与居民游客的主观评价打分与层次分析法客观权重分析,明确街道文化的文化基因的具体权重,为制定首都核心区街道文化基因浓郁度评价表打下指标基础。其次,结合评价指标与分值,分别制定街道显性文化基因浓郁度评价表与隐性文化基因浓郁度评价表,分值分别定为0~100分,进而根据分值情况分为三级(A、B、C级文化基因浓郁度街道),在此基础上结合理论街道分类模型与现状调研与评价数据整理,可进一步明确具体的街道类型(街道类型甲、乙、丙、丁)。该研究方法在结合文化基因理论与街道评价方法的同时,对首都核心区街道空间现状的文化保护与传承情况进行了系统的梳理,并提出系统科学的评价结果与分类,为系统地从城市尺度下探索街道空间的文化发掘与传承的思考与方法进行了一定的探索。

(2)基于文化基因的街道景观设计导则编制方法研究结论

在前文的研究基础上,笔者通过对街道设计导则的理论与实践的研究,以文化基因为视角,对适宜历史文化底蕴深厚的城市街道文化复兴、街道环境美化、街道活力提升的街道设计导则编制与方法进行进一步探索,并以北京核心区街道空间为研究对象,提出相应的研究成果。在研究思路上,笔者提出应以感性文化主导为理念,作为街道规划设计的主要思想,以挖掘街道历史文化积淀作为街道环境文化复兴的重点,以文化渗透街区对整个街区文化品质进行系统提升;在研究方法上,笔者提出从整个城市文化风貌、不同类型的街道、具体街道细部三个层面上,以人文思想统一整体风貌、以文化基因浓郁度分级系统梳理街道类型、以文化基因提升街道细部文化景观品质三方面共同对接到的文化挖掘与传承进行深入探索,并在具体成果中进行系统详细的研究与论证。

6.2 创新

(1)构建适用于北京核心区街道空间的文化基因谱系

随着现代城市更新和文化复兴逐渐被重视,在街道设计中,人们越发重视恢复与继承发扬街道内在的文化底蕴,但是,当前的研究仅限于街道设计的层面,而忽视了从更大尺度对街道文化的传承与发展明确方向。单个街道的设计,虽然可以对单个街道有一定保护与提升,但长此以往城市街道整体文化风貌便会存在无序的问题。以文化基因谱系为基础,重新梳理核心区的街道文化要素,以此为基础,构建针对首都核心区街道空间文化级别的评价体系,既可以对核心区街道文化进行系统梳理与分级,又可以以文化基因的多与少为标准,对核心区不同的街道提出不同的文化提升思路与方向。

本书通过对首都核心区街道进行现状梳理，从城市文化遗产、街道文化载体、沿街建筑立面、街道景观、历史文化故事、民俗文化传统等多方面进行文化分析，提取街道中的文化元素，并根据其物理属性和影响层级来分类，形成包含重要历史遗存、街道历史要素基因和街道现代要素基因三个层次的显性文化基因和涵盖核心区街道历史人文和民俗的隐性文化基因的文化基因谱系。

（2）提出以文化基因浓郁度为出发点的街道分类方法与导则编制方法的研究思路

街道文化基因保存的多少，直接决定了街道的文化底蕴的深浅和文化氛围的浓郁程度，本文运用文化基因理论，结合梳理后的文化基因谱系，并对其进行权重评价，进而提出评判核心区街道文化基因浓郁度的评价指标，从街道显性文化基因浓郁度和隐性文化基因浓郁度两方面对核心区街道进行打分，并对分值相应分级，根据分级结果初步构建街道分类新模型，并对9种情况进行分析整合，得到基于文化基因浓郁度的首都核心区街道类型，以此作为接下来街道文化设计指引的类型方向。

构建传承提升首都核心区街道文化内涵与风貌的总体指引。将文化基因传承与街道设计结合，发掘街道历史文脉，恢复街道传统风貌；同时结合现代北京城的城市气质与形象，新旧交融，不一味仿古做旧，打造典雅的街道氛围，协调融合街道多种文化特色；运用艺术的手法，提升街道的美学气质，丰富街道的艺术表现力；发掘街道细节，以此为设计指引重点，深化街道的细节设计，同时将文化引入细节，提升首都核心区街道的文化内涵。为核心区街道文化提升提供整体的方向与思路。

构建以文化传承为核心的总体指引＋类型指引＋基因指引的设计指引模式。一方面，从文化基因浓郁度对核心区街道分类出发，针对不同浓郁度的街道，提出不同的设计指引思路；另一方面，从细节出发，针对每种文化基因提出设计指引方向，并对街道景观作出重点指引与设计。

6.3 展望

城市如同人体，是一个复杂的系统，街道仿佛人体中的血管，对于城市来说不仅承载着城市通行的功能，更多承载着人们的交流以及文化的传达。城市文化本身是一个非常庞大且复杂的研究领域，对于街道与文化的研究，需要建筑学、城市规划学、景观学、文化学、社会学等多专业领域共同研究。本文在此基础上，以文化基因为视角，对街道设计导则的编制方法进行探索。

（1）我国历史文化底蕴深厚的城市数量众多，每个城市的街道空间皆有其独特的地域文化特点。本文以首都核心区为研究对象，从文化基因这个视角对街道设计导则提供一个探索思路，在此基础上，更需要思考该思路与方法对于其他历史城市街道空间的研究。

（2）城市文化系统庞大而复杂，本文在对首都核心区街道的文化进行研究过程中，以有文化影响力的空间要素为主。在以后的研究中，应思考文化对于街道文化提升的更多方面的探索。

附录 1

首都核心区街道文化基因评价体系研究专家意见征询问卷

调查时间：
专家个人信息
姓名：　　　　　　　　　　职务：
单位：　　　　　　　　　　研究领域：

老师您好，我是北京建筑大学建筑与城市规划学院景观专业研究生，本人现正在完成硕士毕业论文《基于文化基因传承的首都核心区街道景观设计导则编制方法研究》，在此感谢您百忙之中抽出宝贵时间填写本次专家问卷调查。本次问卷调查主要对论文中对首都核心区街道空间中的文化基因指标重要性进行评判，以作为对

首都核心区街道显性文化基因评价因子　　　　　　　　　　　　　　　表 1

目标层	综合评价层	项目评价层	因子评价层
街道显性文化基因浓郁度评价体系	重要历史文化遗存（A1）	物质文化遗产（B1）	
		重要历史载体（B2）	
		老街巷名（B3）	
		景观视廊（B4）	
		天际线（B5）	
	街道历史要素基因（A2）	胡同空间（B6）	
		建筑立面（B7）	立面色彩（C1）
			墙体（C2）
			檐口（C3）
			墙帽（C4）
			传统门楼（C5）
			油漆彩画（C6）
			外立面门窗（C7）
			台明、台阶和散水（C8）
		建筑屋面（B8）	平顶屋面（C9）
			坡顶屋面（C10）
			胡同第五立面（C11）
		构筑物和装饰构件（B9）	
		历史景观（B10）	桥（C12）
			古井（C13）
			古树名木（C14）
			牌楼（C15）
			影壁（C16）

附录1

首都核心区街道空间文化基因浓郁度分级进行打分的打分标准,您所填写的内容仅被用于论文研究,绝不外泄。感谢您给予宝贵时间支持我的论文研究工作!

请您参照表1、表2的内容,对表3、表4中各个对比项目进行权重评估,并在适当的地方画上标记。

首都核心区街道隐性文化基因评价因子　　　表2

目标层	综合评价层	项目评价层	因子评价层
街道隐性文化基因浓郁度评价体系	历史人文基因(D1)	非物质文化遗产(E1)	
		历史沿革(E2)	
		文化历史传说(E3)	
		历史人物(E4)	
	民俗文化基因(D2)	民俗传承(E5)	
		文化事件(E6)	
		文化活动(E7)	
		民族宗教文化(E8)	

首都核心区街道显性文化基因权重评价两两对比表　　　表3

对比指标	绝对重要	十分重要	比较重要	稍微重要	同等重要	稍微重要	比较重要	十分重要	绝对重要	对比指标
综合评价层(A)										
重要历史文化遗存(A1)										街道历史要素基因(A2)
项目评价层(A1)重要历史文化遗存										
物质文化遗产(B1)										重要历史载体(B2)
物质文化遗产(B1)										老街巷名(B3)
物质文化遗产(B1)										景观视廊(B4)
物质文化遗产(B1)										天际线(B5)
重要历史载体(B2)										老街巷名(B3)
重要历史载体(B2)										景观视廊(B4)
重要历史载体(B2)										天际线(B5)
老街巷名(B3)										景观视廊(B4)

续表

对比指标	绝对重要	十分重要	比较重要	稍微重要	同等重要	稍微重要	比较重要	十分重要	绝对重要	对比指标
老街巷名（B3）										天际线（B5）
景观视廊（B4）										天际线（B5）
项目评价层（A2）街道历史要素基因											
建筑立面（B7）										建筑屋面（B8）
建筑立面（B7）										构筑物和装饰构件（B9）
建筑立面（B7）										历史景观（B10）
建筑屋面（B8）										构筑物和装饰构件（B9）
建筑屋面（B8）										历史景观（B10）
构筑物和装饰构件（B9）										历史景观（B10）
因子评价层（B7）建筑立面											
立面色彩（C1）										墙体（C2）
立面色彩（C1）										檐口（C3）
立面色彩（C1）										墙帽（C4）
立面色彩（C1）										传统门楼（C5）
立面色彩（C1）										油漆彩画（C6）
立面色彩（C1）										外立面门窗（C7）
立面色彩（C1）										台明、台阶和散水（C8）
墙体（C2）										檐口（C3）

附录1

续表

对比指标	绝对重要	十分重要	比较重要	稍微重要	同等重要	稍微重要	比较重要	十分重要	绝对重要	对比指标
墙体（C2）										墙帽（C4）
墙体（C2）										传统门楼（C5）
墙体（C2）										油漆彩画（C6）
墙体（C2）										外立面门窗（C7）
墙体（C2）										台明、台阶和散水（C8）
檐口（C3）										墙帽（C4）
檐口（C3）										传统门楼（C5）
檐口（C3）										油漆彩画（C6）
檐口（C3）										外立面门窗（C7）
檐口（C3）										台明、台阶和散水（C8）
墙帽（C4）										传统门楼（C5）
墙帽（C4）										油漆彩画（C6）
墙帽（C4）										外立面门窗（C7）
墙帽（C4）										台明、台阶和散水（C8）
传统门楼（C5）										油漆彩画（C6）
传统门楼（C5）										外立面门窗（C7）
传统门楼（C5）										台明、台阶和散水（C8）
油漆彩画（C6）										外立面门窗（C7）

续表

对比指标	绝对重要	十分重要	比较重要	稍微重要	同等重要	稍微重要	比较重要	十分重要	绝对重要	对比指标
油漆彩画（C6）										台明、台阶和散水（C8）
外立面门窗（C7）										台明、台阶和散水（C8）
因子评价层（B8）建筑屋面										
平顶屋面（C9）										坡顶屋面（C10）
平顶屋面（C9）										胡同第五立面（C11）
坡顶屋面（C10）										胡同第五立面（C11）
因子评价层（B10）历史景观										
桥（C12）										古井（C13）
桥（C12）										古树名木（C14）
桥（C12）										牌楼（C15）
桥（C12）										影壁（C16）
古井（C13）										古树名木（C14）
古井（C13）										牌楼（C15）
古井（C13）										影壁（C16）
古树名木（C14）										牌楼（C15）
古树名木（C14）										影壁（C16）
牌楼（C15）										影壁（C16）

附录 1

首都核心区街道隐性文化基因权重评价两两对比表　　表 4

对比指标	绝对重要	十分重要	比较重要	稍微重要	同等重要	稍微重要	比较重要	十分重要	绝对重要	对比指标
综合评价层（D）										
历史人文基因（D1）										民俗文化基因（D2）
项目评价层（D1）历史人文基因										
非物质文化遗产（E1）										历史沿革（E2）
非物质文化遗产（E1）										文化历史传说（E3）
非物质文化遗产（E1）										历史人物（E4）
历史沿革（E2）										文化历史传说（E3）
历史沿革（E2）										历史人物（E4）
文化历史传说（E3）										历史人物（E4）
项目评价层（D2）民俗文化基因										
民俗传承（E5）										文化事件（E6）
民俗传承（E5）										文化活动（E7）
民俗传承（E5）										民族宗教文化（E8）
文化事件（E6）										文化活动（E7）
文化事件（E6）										民族宗教文化（E8）
文化活动（E7）										民族宗教文化（E8）

附录 2

北京首都核心区街道文化基因评价体系研究

居民游客问卷

调查时间：
访谈者类型：（当地居民 / 外来游客）
性别：（男 / 女）　年龄：
学历：

您好，我是北京建筑大学建筑与城市规划学院研究生，现在正在做研究生毕业论文《基于文化基因传承的首都核心区街道景观设计导则研究》的研究，鉴于行人的感受对本人论文研究结果至关重要，因此我们非常重视您此次对于首都核心区街道空间的文化要素所做出的评价。如果您能够花费几分钟时间来参与填写本份问卷，我们将不胜感激！

谢谢！

问卷 1　首都核心区街道显性文化基因权重评价

1. 在您看来，以下这些街道中出现的与文化相关的空间要素哪个最重要，麻烦按照重要性由高到低进行排序：_____

a. 物质文化遗产（特指城市中的世界物质文化遗产，首都核心区中的物质文化遗产为故宫、天坛）

b. 重要历史载体（特指市级、区级文化遗产以及具有丰富历史沿革的传统建筑，例：齐白石故居、白塔寺等）

c. 老街巷名（特指具有一定故事背景的老街 / 胡同名称）

d. 景观视廊（特指北京重要的观景对景，例：银锭观山）

e. 天际线（特指城市屋顶形成的与天空相分隔的界面）

2. 在您看来，以下这些街道中出现的与文化相关的空间要素哪个最重要，麻烦按照重要性由高到低进行排序：_____

a. 胡同街道（特指北京胡同的街道）

b. 建筑立面（特指街道两侧建筑的沿街界面）

c. 建筑屋顶（特指沿街建筑屋顶风格）

d. 建筑构筑物与景观装饰（特指街道沿街传统建筑的装饰物，例：石狮、上马石等）

e. 历史景观（特指具有一定历史价值的景观要素，例：古树名木、有历史的古井、牌楼等）

3. 在您看来，以下这些街道两侧传统建筑上出现的与文化相关的空间要素哪个最重要，麻烦按照重要性由高到低进行排序：_____

  a. 立面色彩（特指街道两侧建筑的外界面颜色）
  b. 墙体（特指街道两侧建筑的外界面墙体做法）
  c. 传统门楼（特指街道两侧建筑的传统门楼做法）
  d. 油漆彩画（特指街道两侧墙面的彩画）
  e. 外立面门窗（特指街道两侧建筑的传统门窗做法）
  f. 台明、台阶与散水（特指街道两侧建筑的入口台阶以及散水）

4. 在您看来，以下这些街道两侧传统建筑屋顶上出现的与文化相关的空间要素哪个最重要，麻烦按照重要性由高到低进行排序：_____

  a. 平顶屋面（特指街道两侧传统平顶或西洋平顶建筑屋顶）
  b. 坡顶屋面（特指街道两侧传统坡顶的建筑屋顶）
  c. 第五立面（特指胡同的传统建筑屋顶整体风貌）

5. 在您看来，以下这些街道历史景观中出现的与文化相关的空间要素哪个最重要，麻烦按照重要性由高到低进行排序：_____

  a. 古桥（特指具有一定历史价值的古桥）
  b. 古井（特指具有一定历史价值的古井）
  c. 古树名木（特指具有一定历史价值的古树名木以及老树）
  d. 牌楼（特指具有一定历史价值的街道牌楼）
  e. 影壁（特指具有一定历史价值的建筑入口的照壁）

问卷2　首都核心区街道隐性文化基因权重评价

6. 在您看来，以下这些街道蕴含的精神文化要素哪个最重要，麻烦按照重要性由高到低进行排序：_____

  a. 历史人文要素（特指以历史曾发生的人或事并流传至今口口相传的要素）
  b. 民俗文化要素（特指在历史发展中人们形成的一系列风俗习惯）

7. 在您看来，以下这些街道蕴含的历史人文要素哪个最重要，麻烦按照重要性由高到低进行排序：_____

　　a. 非物质文化遗产（特指现仍保存一定程度的历史记忆的受国家保护的文化遗存）

　　b. 街道历史沿革（特指街道本身的历史发展故事）

　　c. 文化历史传说（特指街道发展过程中保留下来的历史传说）

　　d. 街道历史人物（特指街道曾居住过的历史名人）

8. 在您看来，以下这些街道蕴含的民俗文化要素哪个最重要，麻烦按照重要性由高到低进行排序：_____

　　a. 街道民俗传承（特指街道现仍保存的民俗传承）

　　b. 街道文化事件（特质街道曾发生的历史事件）

　　c. 街道文化活动（特指街道代代相传的文化节庆活动）

　　d. 街道民族宗教文化（特指不同民族的民族宗教传统）

问卷3　首都核心区街道文化基因主观问卷

9. 您认为，首都核心区街道现状对于其文化是否传承到位？您认为有哪些不足的地方？

10. 您认为，如果希望可以更好地保护与传承首都核心区街道空间的文化基因，可以采取哪些更好的方法？

附录 3

附 3.1 东城区史家胡同现状街道文化基因浓郁度评价

史家胡同现状街道显性文化基因浓郁度评价表

附表 3-1

目标层	准则层	评价层			分值层		评分标准	打分标准	评价内容	分值
		综合评价层	项目评价层	因子评价层	项目评价层分值	因子评价层分值				
北京首都核心区街道显性文化基因浓郁度评价体系	凸显街道重要历史底蕴，同时对历史时期街道风貌有重要影响	重要历史文化遗存（A1）	物质文化遗产（B1）		14		街道两侧是否有重要物质文化遗产，或受其巨大影响	有：14分；受影响：10分；无影响：0分	史家胡同周边有无世界物质文化遗产和国家级物质文化遗产	32分
			重要历史载体（B2）		11		街道两侧是否有重要历史载体，或受其巨大影响	有：11分；受影响：5分；无影响：0分	史家胡同历史载体丰富，共有文保单位3处，保存良好	
			老街巷名（B3）		11		街道名本身是否被纳入《北京市地名志（西城区、东城区）》中的老街巷名	是：11分；不是：0分	史家胡同历史悠久，名称已被纳入《北京市地名志》	
			景观视廊（B4）		10		街道是否位于重要的景观视廊，或处于城市空间重要的景观轴线上	位于景观视廊上：10分；处于重要景观轴线上：5分；无：0分	史家胡同不位于景观视廊和重要景观对景上	
			天际线（B5）		10		街道两侧建筑天际线是否沿袭完整的旧城城市天际线轮廓	沿袭目保存完整较好：10分；部分沿袭：5分；没有沿袭：0分	街道天际线保存完整，且保存较好	

续表

目标层	准则层	评价层			分值层		评分标准	打分标准	评价内容	分值
		综合评价层	项目评价层	因子评价层	项目评价层分值	因子评价层分值				
北京首都核心区街道文化基因显性文化氛围与传统风貌浓郁度评价体系	文化基因要素对街道历史文化氛围与传统风貌有重要影响	街道历史基因素(A2)	胡同空间(B6)		10		街道是否保留沿袭传统胡同的空间格局与尺度,不具有明确的现代交通规划道路结构	沿袭,且保存完整较好:10分;部分沿袭:5分;未沿袭:0分	街道很大程度保留传统胡同空间格局和尺度,且胡同保护较好	10分
			建筑立面(B7)	立面色彩(C1)	15	2	街道两侧建筑立面色彩是否沿袭传统规制,街道沿街立面色彩是否协调统一	沿袭且风貌统一协调,符合规制:2分;整体沿袭,局部不符合规制:0.5分;部分沿袭:0.5分,未沿袭:0分	胡同沿街建筑立面色彩朴素简单,符合规制	15分
				墙体(C2)		2	街道两侧建筑墙体材料做法是否沿袭传统规制,界面风貌是否连续统一	沿袭且材料做法遵从传统规制:2分;部分沿袭,墙面整体风貌不统一:1分;未沿袭传统做法,整体风貌破坏严重:0分	胡同沿街建筑墙面保存完好,符合规制	
				檐口(C3)		2	街道两侧传统建筑是否保留檐口做法,是否完好,符合规制	保留做法且完好:2分;部分保留,符合规制:1分;未保留或未符合规制:0分	胡同沿街建筑仍保留传统檐口做法	
				墙帽(C4)		2	街道两侧传统建筑是否保留墙帽做法,且保存情况是否完好,符合规制	保留做法且完好:2分;部分保留,符合规制:1分;未保留或未符合规制:0分	胡同沿街建筑仍保留传统墙帽做法	
				传统门楼(C5)		2	街道两侧传统门楼是否保存完好,符合规制	保存完好且符合规制:2分;有一定破坏,符合规制:1分;未保留或未符合规制:0分	胡同沿街建筑仍保留传统门楼,保存较多样,且风格多样较好	

续表

目标层	准则层	评价层			分值层		评分标准	打分标准	评价内容	分值
		综合评价层	项目评价层	因子评价层	项目评价层分值	因子评价层分值				
北京首都核心区街道文化基因显著度浓郁度评价体系	文化基因与要素对街道历史风貌有重要影响	街道历史要素基因（A2）	建筑立面（B7）	油漆彩画（C6）	15	2	街道两侧建筑是否保留传统油漆彩画，且保存情况是否完好、符合北方特点	保存完好且符合特点：2分；部分保留：1分；未保留或未符合北方特点：0分	胡同沿街现存部分传统油漆彩画，内容符合胡同气质	15分
				外立面门窗（C7）		2	街道两侧沿街建筑外立面门窗是否沿袭传统民居门窗做法，保存是否完整	整体沿袭传统做法且保存完好：2分；部分沿袭：1分；未沿袭：0分	胡同沿街仍保留一定数量的传统门窗做法，风格多样	
				台明、台阶和散水（C8）		1	街道两侧沿街建筑是否保留较完好的台明、台阶和散水，且符合传统规制	保存完好且符合规制：1分；部分保留：0.5分；未保留或未符合传统规制：0分	胡同现存有一处传统台阶，保存较好	
			建筑屋面（B8）	平顶屋面（C9）	9	2	街道两侧平顶建筑是否沿袭传统平顶民居或国平顶做法，保存是否完好	整体沿袭传统做法且保存完好：2分；部分沿街完好：1分；存在违章加建情况：0分	胡同沿街传统平顶建筑较少，现存一处传统红砖楼房，旧有人艺宿舍，保存较好	8分
				坡顶屋面（C10）		2	街道两侧坡顶建筑是否沿袭传统坡顶做法，保存是否完好	整体沿袭传统做法且保存完好：2分；部分沿街：1分；存在违章加建情况：0分	沿街建筑多为传统坡顶民居，保存完好	
				胡同第五立面（C11）		5	街道第五立面整体是否沿袭传统风貌	整体沿袭传统风貌：5分；部分沿袭传统风貌：3分；极少或未沿袭传统风貌：0分	胡同第五立面风貌统一协调，保存完好	

续表

目标层	准则层	综合评价层	评价层 项目评价层	因子评价层	分值层 项目评价层分值	因子评价层分值	评分标准	打分标准	评价内容	分值
北京首都功能核心区街道文化基因浓郁度评价体系	文化基因要素对街道文化氛围与传统风貌有重要影响	街道历史要素基因（A2）	构筑物和建筑装饰构件（B9）		2		街道两侧建筑是否保留传统建筑的构筑物或装饰构件（下马石、抱鼓石等）	保留：2分；未保留：0分	沿街保存较多建筑构筑物与传统装饰构件	2分
			历史景观（B10）	桥（C12）	9	2	街道是否存在传统古桥	存在且保存完好：2分；存在，但存在一定破坏：1分；未存在：0分	胡同无古桥遗存	
				古井（C13）		2	街道是否存在传统古井	存在且保存完好：2分；存在，但存在一定破坏：1分；未存在：0分	胡同无古井遗存	
				古树名木（C14）		2	街道是否存在《北京各区县古树名木》中记载的古树名木或准保护类树木（胸径25厘米以上）	存在古树名木且保护完好：2分；存在但未保护：1分；未存在：0分	胡同现存一处已保护古树名木，还有几处准保护类树木	3分
				牌楼（C15）		2	街道是否存在牌楼，且是否保护完好	存在牌楼且保护完好：2分；存在但未保护：1分；未存在：0分	街道无牌楼遗存	
				影壁（C16）		1	街道两侧是否存在影壁，且保护是否完好	存在影壁且保护完好：1分；存在但未保护：0.5分。未存在：0分	胡同存在一处影壁，保存较好	
总分										70分

附录3

史家胡同现状街道隐性文化基因浓郁度评价表

附表 3-2

目标层	准则层	评价层		分值层		评分标准	打分标准	评价内容	分值
		评价层	项目评价层	项目评价层分值	分值层分值				
北京首都核心区街道显性文化基因浓郁度评价体系	街道中历史人文故事对街道风貌产生一定隐性影响	历史人文基因（D1）	非物质文化遗产（E1）	21		街道是否保留与非物质文化遗产相关的文化活动与场所	保留且有所传承发扬：21分；保留但未发扬传承：10分；未存在：0分	胡同现保存一处史家胡同博物馆，充分展示胡同的历史印记	46分
			历史沿革（E2）	20		街道本身的出现与发展是否具有一定历史时期的沿革	街道发源自明清时期：20分；保留相当的文化氛围：10分；街道发源自现代：0分	史家胡同里是悠久，发源自明清前	
			文化历史传说（E3）	10		街道本身是否承载着人民群众艺术创作的故事，且是否有所传承发掘	承载且有所发扬：10分；承载但有所发扬：5分；未承载：0分	胡同无人民艺术创作的故事传承	
			历史人物（E4）	10		街道是否曾作为名人民族历史人物居住地或流传	曾作为名人居住地人物：10分；人物广为流传：5分。没有：0分	史家胡同作为多位名人故居，现状保存良好	
	街道中民俗文化故事对街道风貌产生一定隐性影响	民俗文化基因（D2）	民俗传承（E5）	10		街道是否有体现民族文化与民俗文化活动的场所	有且已开展规模与影响力：10分；有但开展处于起步阶段：5分。没有：0分	胡同现存史家胡同博物馆，具有一定文化影响力	29分
			文化事件（E6）	10		街道是否有举行过重大影响力的社会话题、社会活动的场所	有对街道文化底蕴有一定影响力：10分；有但未对街道现状有影响：5分；没有：0分	史家胡同曾为北京教育发源地之一	
			文化活动（E7）	9		街道是否组织过相关部门承办的文化活动	有且有一定影响力：9分；有但未有一定影响力：5分；没有：0分	史家胡同经常举办各类文化活动，绘制意象地图	
			民族宗教文化（E8）	10		街道是否长期存有体现民族传统文化宗教习俗的活动与场地	有且有一定规模成规模：10分；有但未形成规模：5分；没有：0分	街道无民族宗教活动	
总分									75分

附 3.2 东城区东交民巷现状文化基因浓郁度评价

附表 3-3 东城区东交民巷现状街道显性文化基因浓郁度评价表

目标层	准则层	评价层 - 综合评价层	评价层 - 项目评价层	评价层 - 因子评价层	分值层 - 项目评价层分值	分值层 - 因子评价层分值	评分标准	打分标准	评价内容	分值
北京首都功能核心区街道显性文化基因浓郁度评价体系	凸显街道历史重要底蕴，同时历时对历史风貌有重要影响	重要历史文化遗存（A1）	物质文化遗产（B1）		14		街道两侧是否有物质文化遗产，或受其巨大影响	有：14 分；受影响：10 分；无影响：0 分	街道位于故宫东南方，受到一定影响	40 分
			重要历史载体（B2）		11		街道两侧是否有重要历史载体，或受其巨大影响	有：11 分；受影响：5 分；无影响：0 分	街道位于"东交民巷使馆区"，属于市级保护单位	
			老街巷名（B3）		11		街道名本身是否被纳入《北京市地名志（西城区、东城区）》中的老街巷名	是：11 分；不是：0 分	街道名称历史悠久，曾叫"江米巷"	
			景观视廊（B4）		10		街道是否位于重要的景观视廊，或处于重要城市空间重要的景观轴线上	位于景观视廊上：10 分；处于重要景观轴线上：5 分；无：0 分	街道未处于景观视廊和重要对景上	
	街道风貌对历史有重要影响		天际线（B5）		10		街道两侧建筑天际线是否沿袭完整的旧城市天际线风貌	沿袭且保存完整较好：10 分；部分沿袭：5 分；没有沿袭：0 分	街道天际线丰富独特	
	文化基因要素对街道文化氛围与传统风貌有重要影响	街道历史要素基因（A2）	胡同空间（B6）		10		街道是否保留传统胡同的空间格局与尺度，不具有明确的现代交通规划路结构	沿袭，且保存完整度：10 分；部分沿袭：5 分；未沿袭：0 分	街道空间形式为现代街道	0 分

附录3

续表

目标层	准则层	评价层			分值层		评分标准	打分标准	评价内容	分值
		综合评价层	项目评价层	因子评价层	项目评价层分值	因子评价层分值				
北京首都核心区街道显性文化基因浓郁度评价体系	文化基因要素对街道文化氛围与传统风貌有重要影响	街道历史要素基因（A2）	建筑立面（B7）	立面色彩（C1）	15	2	街道两侧建筑立面色彩是否沿袭传统规制，街道沿街立面色彩是否协调统一	沿袭且风貌统一协调，符合规制：2分；整体沿袭，局部不符合规制：1分；少部分沿袭：0.5分，未沿袭：0分	东交民巷沿街建筑多为西洋传统建筑，以各国使馆、银行报社与教堂为主，保存完整，建筑整体风格多样且形成整体风格	15分
				墙体（C2）		2	街道两侧建筑墙体材料做法是否沿袭传统做法，沿街界面风貌是否连续统一	沿袭且材料做法遵从传统规制：2分；部分沿袭，墙面整体风貌不统一：1分；未沿袭传统做法，整体风貌破坏严重：0分		
				檐口（C3）		2	街道两侧传统建筑是否保留檐口做法，目保存情况是否完好，符合规制	保留做法且完好：2分；部分保留：1分；未保留或未符合规制：0分		
				墙帽（C4）		2	街道两侧传统建筑是否保留墙帽做法，目保存情况是否完好，符合规制	保留做法且完好：2分；部分保留：1分；未保留或未符合规制：0分		
				传统门楼（C5）		2	街道两侧传统门楼是否保存完好，符合规制	保存完好且符合规制：2分；有一定破坏：1分；未保留或未符合规制：0分		

续表

目标层	准则层	综合评价层	评价层		分值层		评分标准	打分标准	评价内容	分值
			项目评价层	因子评价层	项目评价层分值	因子评价层分值				
北京首都核心区街道文化基因浓郁度评价体系	文化基因要素对街道风貌与传统风貌有重要影响	街道历史要素基因（A2）	建筑立面（B7）	油漆彩画（C6）	15	2	街道两侧建筑是否保留传统油漆彩画，且保存情况是否完好，符合北方特点	保存完好且符合特点：2分；部分保留：1分；未保留或未符合北方特点：0分		15分
				外立面门窗（C7）		2	街道两侧建筑外立面门窗是否沿袭传统规制，门窗做法规制，保存是否完整	整体沿袭传统做法做法保留完好：2分；部分沿袭：1分；未沿袭：0分		
				台阶、台明、散水（C8）		1	街道两侧建筑是否保留较完好的台明、台阶和散水，且符合传统规制	保存完好且符合规制：1分；部分保留：0.5分；未保留或未符合传统规制：0分		
			建筑屋面（B8）	平顶屋面（C9）	9	2	街道两侧平顶建筑是否沿袭传统平顶或民国平顶做法，保存是否完好	整体沿袭传统做法做法保留完好：2分；部分沿袭，保存较好：1分；未沿袭，且存在违章加建情况：0分	东交民巷沿街建筑保存完好，且无违章加建，基本沿袭传统坡顶做法，保存较好	8分
				坡顶屋面（C10）		2	街道两侧坡顶建筑是否沿袭传统坡顶做法，保存是否完好	整体沿袭传统做法做法保留完好：2分；部分沿袭，保存较好：1分；未沿袭，且存在违章加建情况：0分		
				胡同第五立面（C11）		5	街道第五立面整体是否沿袭传统风貌	整体沿袭传统风貌：5分；部分沿袭保留：3分；极少沿袭或未沿袭传统风貌：0分		

附录3

续表

目标层	准则层	综合评价层	评价层		分值层		评分标准	打分标准	评价内容	分值
			项目评价层	因子评价层	项目评价层分值	因子评价层分值				
北京首都核心区街道文化基因显性文化氛围浓郁度评价体系	文化基因要素对街道传统风貌有重要影响	街道历史要素基因（A2）	构筑物和装饰构件（B9）		2		街道两侧建筑是否保留传统建筑的构筑物或装饰构件（下马石、抱鼓石等）	保留：2分；未保留：0分	沿街保存较多的传统建筑物为围墙，结构保存较好，且保留沿袭传统风格	2分
			历史景观（B10）	桥（C12）	9	2	街道是否存在传统古桥	存在且保存完好：2分；存在，但存在一定破坏：1分；未存在：0分	街道无古桥遗存	
				古井（C13）		2	街道是否存在传统古井	存在且保存完好：2分；存在，但存在一定破坏：1分；未存在：0分	街道无古井遗存	
				古树名木（C14）		2	街道是否存在《北京各区县古树名木》中记载的古树名木或保护类树木（胸径25厘米以上）	存在古树名木且保护完好：2分；存在但未保护：1分；未存在：0分	街道无古树名木现存，但行道树丰富，保存较好	2分
				牌楼（C15）		2	街道是否存在牌楼，且保护是否完好	存在牌楼且保护完好：2分；存在但未保护：1分；未存在：0分	街道无牌楼遗存	
				影壁（C16）		1	街道两侧是否存在影壁，且保护是否完好	存在影壁且保护完好：1分；存在但未保护：0.5分；未存在：0分	街道无影壁遗存	
总分										67分

附表 3-4

东城区东交民巷现状街道隐性文化基因浓郁度评价表

目标层	准则层	评价层		分值层	评分标准	打分标准	评价内容	分值
			项目评价层	项目评价层分值				
北京首都功能核心区街道显性文化基因浓郁度评价体系	街道中历史人文故事对街道风貌产生一定隐性影响	历史人文基因（D1）	非物质文化遗产（E1）	21	街道是否保留与非物质文化遗产相关的文化活动与场所	保留且有所传承发扬：21分；保留但未发扬光大：10分；未存在：0分	东交民巷历史悠久，其本身是老北京城最长的胡同，同时也是著名使馆群所在地，在近代北京城具有重要的历史地位	50分
			历史沿革（E2）	20	街道本身的出现与发展是否具有一定历史时期的沿革	街道发源自明清时期：20分；街道发源自民国时期，且保留相当时期的文化氛围：10分；街道发源自现代：0分		
			文化历史传说（E3）	10	街道本身是否承载着人民群众艺术创作的故事，且是否有所传承发扬	承载且有所发扬：10分；承载但未有所发扬：5分；未承载：0分		
			历史人物（E4）	10	街道是否曾作为名人居住地或因历史人物而流传	曾作为名人居住地：10分；因历史人物广为流传：5分；没有：0分		
	街道中民俗文化故事对街道风貌产生一定隐性影响	民俗文化基因（D2）	民俗传承（E5）	10	街道是否有举行民族文化与民俗文化活动的场所	有且已有一定规模与影响力：10分；有但开展处于起步阶段：5分。没有：0分	近代时期，街道曾发生一系列重要文化事件（李大钊遇难），当今不仅作为使馆区，还是新中国警察文化发源地，同时，街道宗教文化浓郁	25分
			文化事件（E6）	10	街道是否举行过重大影响力的社会话题、社会活动的场所	有对街道文化底蕴有一定影响力：10分；有但未对街道现状有影响：5分；没有：0分		
			文化活动（E7）	9	街道是否组织过相关部门承办的文化活动	有且有一定影响力：9分；有但有一定影响：5分；没有：0分		
			民族宗教文化（E8）	10	街道长期存有体现民族传统文化宗教习俗的活动与场地	有且有一定规模：10分；有但未形成规模：5分；没有：0分		
总分								75分

附录3

附3.3 西城区石头胡同现状街道文化基因浓郁度评价

石头胡同现状街道显性文化基因浓郁度评价表

附表3-5

目标层	准则层	评价层			分值层		评分标准	打分标准	评价内容	分值
		综合评价层	项目评价层	因子评价层	项目评价层分值	因子评价层分值				
北京首都核心区街道显性文化基因浓郁度评价体系	凸显街道重要历史底蕴，同时街道历史风貌对街道风貌有重要影响	重要历史文化遗存（A1）	物质文化遗产（B1）		14		街道两侧是否有重要物质文化遗产，或受其巨大影响	有：14分；受影响：10分；无影响：0分	石头胡同周边无世界物质文化遗产和国家级物质文化遗产	27分
			重要历史载体（B2）		11		街道两侧是否有重要历史建筑，或受其巨大影响	有：11分；受影响：5分；无影响：0分	石头胡同两侧历史建筑丰富，保留会馆	
			老街巷名（B3）		11		街道名本身是否被纳入《北京市地名志（西城区、东城区）》中的老街巷名	是：11分；不是：0分	石头胡同历史悠久，名称已被纳入《北京市地名志》中	
			景观视廊（B4）		10		街道是否位于重要的景观视廊，或处于古城市空间重要的景观风貌线上	位于景观视廊上：10分，处于重要景观轴线上：5分；无：0分	石头胡同不位于景观视廊上，胡同东侧临大栅栏，位于北京中轴线上	10分
			天际线（B5）		10		街道两侧建筑天际线是否完整保留旧城市的天际线	沿袭目保存完整较好：10分，部分沿袭：5分；没有沿袭：0分	胡同两侧部分建筑沿袭天际线	
			胡同空间（B6）		10		街道是否保留沿袭传统胡同的空间格局与尺度，不具有明确的现代规划交通道路结构	沿袭，且保存完整较好：10分；部分沿袭：5分；未沿袭：0分	胡同很大程度保留传统格局，少部分仿存在建筑保护较好	
	文化基因要素对街道文化氛围与传统风貌有重要影响	街道历史要素基因（A2）	建筑立面（B7）	立面色彩（C1）	15	2	街道两侧建筑立面色彩是否沿袭传统视，街道沿街色彩是否协调统一	沿袭目风貌统一协调，符合规制：2分；整体沿袭、局部不符合规制：1分；少部分沿袭：0.5分；未沿袭：0分	胡同沿街建筑部分沿袭传统视，少部分存在建筑色彩混乱的情况	7.5分
				墙体（C2）		2	街道两侧建筑墙体材料做法是否沿袭传统规制，界面风格是否连续统一	沿袭目传统规制：2分；体风貌不统一：1分；未沿袭、传统做法：0.5分；整体做法破坏严重：0分	胡同沿街建筑部分沿袭传统做法	

107

续表

目标层	准则层	评价层			分值层		评分标准	打分标准	评价内容	分值
		综合评价层	项目评价层	因子评价层	项目评价层分值	因子评价层分值				
北京首都核心区街道显性文化基因浓郁度评价体系	文化基因要素对街道文化氛围传统风貌有重要影响	街道历史要素基因（A2）	建筑立面（B7）	檐口（C3）	15	2	街道两侧传统建筑是否保留檐口做法，且保存情况是否完好、符合规制	保留做法且完好：2分；部分保留：1分；未保留或未符合规制：0分	胡同两侧传统建筑仍保留传统明清建筑檐口做法，部分已保存破坏改造	7.5分
				墙帽（C4）		2	街道两侧传统建筑墙帽做法，且保存情况是否完好、符合规制	保留做法且完好：2分；部分保留：1分；未保留或未符合规制：0分	胡同两侧传统明清建筑墙帽做法仍保留，部分已被破坏改造	
				传统门楼（C5）		2	街道两侧传统门楼是否保存完好、符合规制	保存完好且符合规制：2分；有一定破坏：1分；未保留或未符合规制：0分	胡同沿街传统建筑仍保留传统门楼，且风格多样，保存较好	
				油漆彩画（C6）		2	街道两侧传统建筑是否保留传统油漆彩画，且保存情况是否完好、符合北方特点	保存完好且符合特点：2分；部分保留：1分；未保留或未符合北方特点：0分	胡同沿街无油漆彩画	
				外立面门窗（C7）		2	街道两侧传统建筑外立面门窗是否沿袭传统民居门窗做法规制，保存是否完整	整体沿袭传统做法且保存完好：2分；部分沿袭：1分；未沿袭：0分	胡同沿街部分建筑仍保留传统门窗做法，风格多样	
				台明、台阶和散水（C8）		1	街道两侧建筑是否保留较完好的台明、台阶和散水，且是否合传统规制	保存完好且合规制：1分；部分保留且沿袭：0.5分；未保留或未合传统规制：0分	胡同现有台阶，单位保留传统做法	
			建筑屋面（B8）	平顶屋面（C9）	8	2	街道两侧平顶建筑传统平顶屋顶或民国平顶做法，是否完整	整体沿袭传统做法且保存完好：2分；部分沿袭，保存较好：1分；未沿袭，且存在违章建情况：0分	胡同沿街保存传统平顶与民国平顶建筑，且保存较好	4分
				坡顶屋面（C10）		2	街道两侧坡顶做法，保存是否完好	整体沿袭传统做法且保存完好：2分；部分沿袭，保存较好：1分；未沿袭，且存在违章建情况：0分	沿街建筑保留传统坡顶民居，保存完好	
				胡同第五立面（C11）		5	街道第五立面整体是否沿袭传统风貌	整体沿袭传统风貌：5分；部分沿袭或沿袭传统风貌：3分；极少或未沿袭传统风貌：0分	胡同第五立面部分沿袭传统风貌，现状存在后加建违建立面的情况	

续表

目标层	准则层	评价层			分值层			评分标准	打分标准	评价内容	分值
		综合评价层	项目评价层	因子评价层	项目评价层分值	因子评价层分值					
北京首都核心区街道文化基因浓郁度评价体系	文化基因要素对街道文化氛围与传统风貌有重要影响	街道历史要素基因（A2）	构筑物和装饰构件（B9）		2		街道两侧建筑是否保留传统的构筑物或装饰构件（下马石、抱鼓石等）	保留:2分;未保留:0分	沿街建筑立面保留传统雕塑等装饰	2分
				桥（C12）		2	街道是否存在传统古桥	存在且保存完好:2分;存在但存在一定破坏:1分;未存在:0分	胡同无古桥遗存	
				古井（C13）		2	街道是否存在传统古井	存在且保存完好:2分;存在但存在一定破坏:1分;未存在:0分	胡同无古井遗存	
			历史景观（B10）	古树名木（C14）	9	2	街道是否存在《北京名区县古树名木》中记载的古树名木或达保护类标准（胸径25厘米以上）	存在古树名木且保护完好:2分;存在但未保护:1分;未存在:0分	胡同无古树名木	0分
				牌楼（C15）		2	街道是否存在牌楼，且保护是否完好	存在牌楼且保护完好:2分;存在但未保护:1分;未存在:0分	街道无牌楼遗存	
				影壁（C16）		1	街道两侧是否存在影壁，且保护是否完好	存在影壁且保护完好:1分;存在但未保护:0.5分;未存在:0分	胡同现存一处影壁，保存较好	

总分 51.5分

附表 3-6

石头胡同现状街道隐性文化基因浓郁度评价表

目标层	准则层	评价层		分值层项目评价层分值	评分标准	打分标准	评价内容	分值
			项目评价层					
北京首都核心区街道显性文化基因浓郁度评价体系	街道中历史人文故事对街道风貌产生一定隐性影响	历史人文基因（D1）	非物质文化遗产（E1）	21	街道是否保留与非物质文化遗产相关的文化活动与场所	保留且有所传承发扬：21分；保留但未发扬传承：10分；未存在：0分	胡同无与非物质文化遗产相关的活动场所	30分
			历史沿革（E2）	20	街道本身的出现与发展是否具有一定历史时期的沿革	街道发源自明清时期，且保留相当的文化氛围：20分；街道发源自民国时期，且保留相当的文化氛围：10分；街道发源自现代：0分	石头历史悠久，发源自明清前	
			文化历史传说（E3）	10	街道本身是否承载着人民群众艺术创作的故事，且是否有所传承发扬	承载且有所发扬：10分；承载但未发扬：5分；未承载：0分	胡同无人民艺术创作的故事	
			历史人物（E4）	10	街道是否曾经作为名人居住地或因历史人物广为流传	曾作为名人居住地：10分；因历史人物广为流传：5分。没有：0分	"老生三杰""京剧三鼎甲"的张二奎、余三胜居住地	
	街道中民俗文化故事对街道风貌产生一定隐性影响	民俗文化基因（D2）	民俗传承（E5）	10	街道是否有举行民俗文化活动的场所	有且有一定规模与影响力：10分；有但开展处于起步阶段：5分；没有：0分	胡同处于大栅栏旁边文化活动场所	19分
			文化事件（E6）	10	街道是否有举行过重大影响力的社会话题、社会活动的场所	有且对街道文化底蕴有一定影响：10分；有但未对街道现状有影响：5分；没有：0分	街道处于大栅栏旁边，受一定影响	
			文化活动（E7）	9	街道是否组织过相关部门承办的文化活动	有且有一定影响力：9分；有但未有一定影响力：5分；没有：0分	街道处于大栅栏旁边，受一定影响	
			民族宗教文化（E8）	10	街道是否长期存有体现民族传统文化宗教习俗的活动与场地	有且有一定规模：10分；有但未形成规模：5分；没有：0分	街道无民族宗教活动	
总分								49分

附录3

附 3.4 西城区阜成门内大街现状街道文化基因浓郁度评价

阜成门内大街现状街道显性文化基因浓郁度评价表

附表 3-7

目标层	综合评价层	评价层		分值层		评价标准	打分标准	评价内容	分值
		准则层	项目评价层	项目评价层分值	因子评价层分值				
北京首都核心区街道显性文化基因浓郁度评价体系	重要历史文化遗存（A1）	凸显街道重要历史底蕴，同时历史对街道风貌有重要影响	物质文化遗产（B1）	14		街道两侧是否有重要物质文化遗产，或受其巨大影响	有：14分；受影响：10分；无影响：0分	街道周边有世界无物质文化遗产	32分
			重要历史载体（B2）	11		街道两侧是否有重要历史载体，或受其巨大影响	有：11分；受影响：5分；无影响：0分	街道现保存重要文物白塔寺，历代帝王庙等，对街道文化气质影响巨大	
			老街巷名（B3）	11		街道名本身是否被纳入《北京市地名志（西城区、东城区）》中的老街巷名	是：11分；不是：0分	街道名称已被纳入《北京市地名志》	
			景观视廊（B4）	10		街道是否位于重要景观的视廊，或处于重要城市空间重要的景观轴线上	位于景观视廊上：10分；处于重要景观轴线上：5分；无：0分	街道不处于景观视廊中，但可远观白塔寺，位于城市重要对景	
			天际线（B5）	10		街道两侧建筑天际线是否沿袭完整的旧城城市天际线风貌	沿袭且保存完整较好：10分；部分沿袭：5分；没有沿袭：0分	街道北侧沿袭传统风貌，南侧为金融街，为现代风貌	
	街道历史要素基因（A2）	文化基因要素对街道文化氛围与传统风貌有重要影响	胡同空间（B6）	10		街道是否保留沿袭传统胡同的空间格局与尺度，不具有明显的现代交通规划道路结构	沿袭：10分；部分沿袭：5分；未沿袭：0分	街道空间为现代城市道路	0分

续表

目标层	准则层	评价层			分值层		评分标准	打分标准	评价内容	分值
		综合评价层	项目评价层	因子评价层	项目评价层分值	因子评价层分值				
北京首都功能核心区街道显性文化基因浓郁度评价体系	文化基因要素对街道文化氛围与传统风貌有重要影响	街道历史要素基因（A2）	建筑立面（B7）	立面色彩（C1）	15	2	街道两侧建筑立面色彩是否沿袭传统规制，街道沿街立面色彩是否协调统一	沿袭且风貌统一协调，符合规制：2分；整体沿袭，局部不符合规制：1分；少部分沿袭：0.5分；未沿袭：0分	街道左侧沿街建筑立面色彩朴素简单，符合规制	7分
				墙体（C2）		2	街道两侧沿街建筑墙体材料做法是否沿袭传统规制，檐口做法风格是否连续统一	沿袭且材料做法遵从传统规制：2分；部分沿袭，墙面整体风貌不统一：1分；未沿袭传统做法，整体风貌破坏严重：0分	街道左侧沿街建筑墙面部分符合规制，但保留在局部不符合传统做法	
				檐口（C3）		2	街道两侧传统建筑是否保留檐口，且保存情况是否完好，符合规制	保留做法完好：2分；部分保留：1分；未保留或未符合规制：0分	街道左侧沿街建筑仍保留传统檐口做法	
				墙帽（C4）		2	街道两侧传统建筑是否保留墙帽，且保存情况是否完好，符合规制	保留做法完好：2分；部分保留：1分；未保留或未符合规制：0分	街道左侧沿街建筑仍保留传统墙帽做法	
				传统门楼（C5）		2	街道两侧传统建筑门楼是否保存完好，符合规制	保存完好且符合规制：2分；有一定破坏，保留或未符合规制：1分；未保留或未符合规制：0分	街道左侧沿街传统门楼保留部分多样，且风格多样，保存较好	
				油漆彩画（C6）		2	街道两侧传统建筑是否保留传统油漆彩画，且保存情况是否完好，符合北方特点	保存完好且符合特点：2分；部分保留，未符合北方特点：1分；未保留或无特点：0分	街道无油漆彩画	

附录3

续表

目标层	准则层	评价层 综合评价层	评价层 项目评价层	评价层 因子评价层	分值层 项目评价层分值	分值层 因子评价层分值	评分标准	打分标准	评价内容	分值
北京首都核心区街道显性文化基因浓郁度评价体系	文化基因要素对街道文化氛围与传统风貌有重要影响	街道历史要素基因（A2）	建筑立面（B7）	外立面门窗（C7）	9	2	街道两侧建外立面门窗是否沿袭传统做法，保存是否完整	整体沿袭传统做法且保存完好：2分；部分沿袭未沿袭：0分	街道左侧部分保留传统门窗，部分已做现代改造	7分
				台明、台阶和散水（C8）		1	街道两侧建筑平顶民居，台阶和散水的合明，保存是否符合传统规制	保存完好且符合规制：1分；部分保留或不符合传统规制：0.5分；未保留：0分	街道未保留传统台阶做法	
			建筑屋面（B8）	平顶屋面（C9）		2	街道两侧建筑平顶民国或民居平顶做法，保存是否完好	整体沿袭传统做法且保存完好：2分；部分沿袭：1分；未沿袭或存在违章加建情况：0分	街道左侧仍保留传统民国平顶屋面，保存完好，但存在不符合规制的改造，屋檐问题严重	5分
				坡顶屋面（C10）		2	街道两侧建筑坡顶传统坡顶做法，保存是否完好	整体沿袭传统做法且保存完好：2分；部分沿袭：1分；未沿袭或存在违章加建情况：0分	街道左侧仍保留传统坡顶屋面，部分保存完好	
				胡同第五立面（C11）	2	5	街道第五立面整体是否沿袭传统风貌	整体沿袭传统风貌：5分；部分沿袭未沿袭未沿袭传统风貌极少或沿袭未沿袭传统风貌：3分；未保留：0分	街道左侧第五立面保存较好	
		构筑物和装饰构件（B9）					街道两侧建筑是否保留传统建筑物的构筑物或装饰构件（下马石、抱鼓石等）	保留：2分；未保留：0分	街道左侧保留传统建筑构筑物与装饰构件，但数量较少	1分

续表

目标层	准则层	评价层			分值层		评分标准	打分标准	评价内容	分值
		综合评价层	评价项目层	因子评价层	项目评价层分值	因子评价层分值				
北京首都核心区街道文化基因显性浓郁度评价体系	文化基因文要素对街道风化氛围与传统风貌有重要影响	街道历史要素基因（A2）	历史景观（B10）	桥（C12）	9	2	街道是否存在传统古桥	存在且保存完好：2分；存在，但存在一定破坏：1分；未存在：0分	街道无古桥遗存	
				古井（C13）		2	街道是否存在传统古井	存在且保存完好：2分；存在，但存在一定破坏：1分；未存在：0分	街道无古井遗存	
				古树名木（C14）		2	街道是否存在《北京各区县古树名木》中记载的古树名木或达准保护类树木（胸径25厘米以上）	存在古树名木且保护完好：2分；存在但未保护：1分；未存在：0分	街道树木较多，有古树名木	2分
				牌楼（C15）		2	街道是否存在牌楼，且保护是否完好	存在牌楼且保护完好：2分；存在，但未保护：1分；未存在：0分	街道无牌楼遗存	
				影壁（C16）		1	街道两侧是否存在影壁，且保护是否完好	存在影壁且保护完好：1分；存在但未保护：0.5分；未存在：0分	街道无影壁遗存	
总分										47分

附录 3

阜成门内大街现状街道隐性文化基因浓郁度评价表

附表 3-8

目标层	准则层	评价层		分值层 项目评价层分值	评分标准	打分标准	评价内容	分值
北京首都核心区街道显性文化基因浓郁度评价体系	街道中历史人文故事对街道风貌产生一定隐性影响	历史人文基因(D1)	非物质文化遗产(E1)	21	街道是否保留与非物质文化遗产相关的文化活动与场所	保留且有所传承发扬：21分；保留但未发扬传承：10分；未存在：0分	街道宗教文化气氛浓郁，寺庙众多	51分
			历史沿革(E2)	20	街道本身的出现与发展是否具有一定历史时期的沿革	街道发源自明清时期；且保留相当时期的文化氛围：20分；街道发源自民国时期，留相当的文化氛围：10分；街道发源自现代：0分	阜成门内大街历史底蕴深厚	
			文化历史传说(E3)	10	街道本身是否承载着人民群众艺术创作的故事，且是否有所传承发扬	承载且有所发扬：10分；承载但未有所发扬：5分；未承载：0分	老舍笔下最美的街	
			历史人物(E4)	10	街道是否曾经作为名人居住地或因历史人物广为流传	曾作为名人居住地：10分；因历史人物广为流传：5分。没有：0分	鲁迅先生故居	
	街道中民俗文化故事对街道风貌产生一定隐性影响	民俗文化基因(D2)	民俗传承(E5)	10	街道是否举行民族文化与民俗文化活动的场所	有目已有一定规模与影响力：10分；有但开展、处于起步阶段：5分；没有：0分	白塔寺文化、宗教文化	27分
			文化事件(E6)	10	街道是否举行过重大影响力的社会话题、社会活动的场所	有目对街道文化底蕴有一定影响：10分；有但未对街道现状有所影响：5分；没有：0分	白塔寺设计周	
			文化活动(E7)	9	街道是否组织过相关部门承办的文化活动	有目有一定影响力：9分；有但未有一定影响力：5分；没有：0分	白塔寺设计周	
			民族宗教文化(E8)	10	街道是否长期存有体现民族传统文化宗教习俗的活动与场地	有目有一定规模：10分；有但未形成规模：5分；没有：0分	佛教文化	
总分								78分

附录 3.5 西城区西单北大街现状街道文化基因浓郁度评价

西单北大街现状街道显性文化基因浓郁度评价表

附表 3-9

目标层	准则层	综合评价层	评价层 项目评价层	评价层 因子评价层	分值层 项目评价层分值	分值层 因子评价层分值	评分标准	打分标准	评价内容	分值
北京首都功能核心区街道显性文化基因浓郁度评价体系	凸显街道历史底蕴，同时历史对街道风貌有重要影响	重要历史文化遗存（A1）	物质文化遗产（B1）		14		街道两侧是否有物质文化遗产，或受其巨大影响	有：14分；受影响：10分；无影响：0分	街道周边有重要物质文化遗产故宫，但对街街道文化影响较弱	26分
			重要历史载体（B2）		11		街道两侧是否有重要历史载体，或受其巨大影响	有：11分；受影响：5分；无影响：0分	街道周边现存礼王府、海贝勒府、郑王府	
			老街巷名（B3）		11		街道名本身是否被纳入《北京市地名志（西城区、东城区）》中的老街巷名	是：11分；不是：0分	名称已被纳入《北京市地名志》	
			景观视廊（B4）		10		街道是否位于重要的景观视廊，或处于城市空间重要的景观轴线上	位于景观视廊上：10分，处于重要景观轴线上：5分；无：0分	街道未处于景观视廊上	
			天际线（B5）		10		街道两侧建筑天际线是否沿袭完整的旧城风貌的天际线风貌	沿袭且保留完整较好：10分；部分沿袭：5分；没有沿袭：0分	街道为现代街道，无传统天际线	
	文化基因要素对街道文化氛围与传统风貌有重要影响	街道历史要素基因（A2）	胡同空间（B6）		10		街道是否保留沿袭传统胡同的空间格局与尺度，不具有明确的现代交通规划的道路结构	沿袭，且保存完整：10分；部分沿袭：5分；未沿袭：0分	街道为现代街道	0分

附录3

续表

目标层	综合评价层	评价层		分值层		评分标准	打分标准	评价内容	分值
		准则层	项目评价层	因子评价层	项目评价层分值	因子评价层分值			
北京首都核心区街道文化基因显性与基因文化氛围与传统风貌浓郁度评价体系	街道历史要素基因（A2）	文化基因要素对街道文化氛围与传统风貌有重要影响	建筑立面（B7）	立面色彩（C1）	15	2	街道两侧建筑立面色彩是否沿袭传统规制，街道沿街立面色彩是否协调统一	沿袭且风貌统一协调，符合规制：2分；整体沿袭，局部不符合规制：1分；少部分沿袭：0.5分；未沿袭：0分	西单北大街沿街为现代商业建筑，无传统风貌	0分
				墙体（C2）		2	街道两侧建筑墙体材料做法是否沿袭传统规制，界面风格是否连续统一	沿袭且材料做法遵从传统规制：2分；部分沿袭，墙面整体风貌不统一：1分；未沿袭，整体风貌破坏严重：0分		
				檐口（C3）		2	街道两侧传统建筑檐口做法、且保留情况是否完好，符合规制	保留做法且完好：2分；部分保留或未符合规制：1分；未保留：0分		
				墙帽（C4）		2	街道两侧传统建筑墙帽做法、且保留情况是否完好，符合规制	保留做法且完好：2分；部分保留或未符合规制：1分；未保留：0分		
				传统门楼（C5）		2	街道两侧传统门楼是否保存完好，符合规制	保存完好且符合规制：2分；有一定破坏：1分；未保留或未符合规制：0分		
				油漆彩画（C6）		2	街道两侧建筑油漆彩画是否完好，部分保留情况，符合北方特点	保存完好且符合特点：2分；部分保留：1分；未保留或未符合北方特点：0分		

续表

目标层	准则层	综合评价层	评价层		分值层		评价标准	打分标准	评价内容	分值
			项目评价层	因子评价层	项目评价层分值	因子评价层分值				
北京首都核心区街道文化基因显性浓郁度评价体系	文化基因要素对街道氛围与传统风貌有重要影响	街道历史要素基因（A2）	建筑立面（B7）	外立面门窗（C7）		2	街道两侧建筑外立面门窗是否沿袭传统民居门窗做法规制，保存是否完整	整体沿袭传统做法且保存完好：2分；部分沿袭：1分；未沿袭：0分	西单北大街街为现代商业建筑，无传统风貌	0分
				台明、台阶和散水（C8）		1	街道两侧建筑是否保留较完好的台明、台阶和散水，且符合传统规制	保存完好且符合规制：1分；部分保留：0.5分；未保留或未符合传统规制：0分		
			建筑屋面（B8）	平顶屋面（C9）	8	2	街道两侧平顶建筑是否沿袭传统平顶或民居平顶做法，保存是否完好	整体沿袭传统做法且保存完好：2分；部分沿袭：1分；未沿袭，且有违章加建情况：0分	西单北大街沿街建筑为现代商业建筑，无传统屋面保留	0分
				坡顶屋面（C10）		2	街道两侧坡顶建筑是否沿袭传统坡顶做法，保存是否完好	整体沿袭传统做法且保存完好：2分；部分沿袭：1分；未沿袭，且有违章加建情况：0分		
				胡同第五立面（C11）		5	街道第五立面整体是否沿袭传统风貌	整体沿袭传统风貌：5分；部分沿袭传统风貌：3分；极少或未沿袭传统风貌：0分		
			构筑物和装饰构件（B9）		2		街道两侧建筑是否保留传统建筑的构筑物或装饰构件（下马石、抱鼓石等）	保留：2分；未保留：0分	街道无传统建筑构筑物和装饰构件遗存	0分

附录3

续表

目标层	准则层	评价层			分值层		评分标准	打分标准	评价内容	分值
		综合评价层	项目评价层	因子评价层	项目评价层分值	因子评价层分值				
北京首都核心区街道文化基因显性要素对街道文化氛围与传统风貌浓郁度有重要影响评价体系	文化基因要素对街道文化氛围与传统风貌浓郁度有重要影响	街道历史要素基因（A2）	历史景观（B10）	桥（C12）	9	2	街道是否存在传统古桥	存在且保存完好：2分；存在，但存在一定破坏：1分；未存在：0分	街道无古桥遗存	1分
				古井（C13）		2	街道是否存在传统古井	存在且保存完好：2分；存在，但存在一定破坏：1分；未存在：0分	街道无古井遗存	
				古树名木（C14）		2	街道是否存在《北京各区县古树名木》中记载的古树名木或准保护类树木（胸径25厘米以上）	存在古树名木且保护完好：2分；存在古树名木但未保护：1分；未存在：0分	街道行道古树及数量可观，无保护古树名木	
				牌楼（C15）		2	街道是否存在牌楼，且保护是否完好	存在牌楼且保护完好：2分；存在牌楼但未保护：1分；未存在：0分	街道无牌楼遗存	
				影壁（C16）		1	街道两侧是否存在影壁，且保护是否完好	存在影壁且保护完好：1分；存在影壁但未保护：0.5分；未存在：0分	街道无影壁遗存	
总分										27分

附表 3-10

西单北大街现状街道隐性文化基因浓郁度评价表

目标层	准则层	评价层		分值层		评分标准	打分标准	评价内容	分值
		项目评价层		项目评价层分值					
北京首都核心区街道显性文化基因浓郁度评价体系	街道中历史人文故事对街道风貌产生一定隐性影响	历史人文基因（D1）	非物质文化遗产（E1）	21		街道是否保留与非物质文化遗产相关的文化活动与文化场所	保留且有传承发扬：21分；保留但未发扬：10分；未存在：0分	街道有非物质文化遗存	40分
			历史沿革（E2）	20		街道本身的出现与发展是否具有一定历史时期的沿革	街道发源自明清时期，且保留相当的文化氛围：20分；街道发源自民国时期，且保留相当的文化氛围：10分；街道发源自现代：0分	西单北大街历史悠久	
			文化历史传说（E3）	10		街道本身是否承载着人民群众艺术创作的故事，且是否有所传承发掘	承载且有所发扬：10分；承载但未有所发扬：5分；未承载：0分	街道无文化历史传说	
			历史人物（E4）	10		街道是否曾经为名人物居住地或历史人物广为流传	曾作为名人居住地：10分；因历史人物为流传：5分。没有：0分	济尔哈朗王府、王草然故居	
	街道中民俗文化故事对街道风貌产生一定隐性影响	民俗文化基因（D2）	民俗传承（E5）	10		街道是否有举行民族文化与民俗文化活动的场所	有且已有一定规模与影响力：10分；有但处于起步阶段：5分；没有：0分	有民俗传承活动	19分
			文化事件（E6）	10		街道是否有举行过重大影响力的社会话题、社会活动的场所	有且对街道文化底蕴有一定影响：10分；有但未对街道现状有影响：5分；没有：0分	街道无文化事件	
			文化活动（E7）	9		街道是否组织过相关部门办的文化活动	有且有一定影响力：9分；有但未有一定影响力：5分；没有：0分	商业文化底蕴深厚，王府文化	
			民族宗教文化（E8）	10		街道是否长期存有体现民族传统文化宗教习俗的活动与场地	有且有一定规模：10分；有但形成规模：5分；没有：0分	街道无民族宗教文化	
总分									59分

附录3

附 3.6 西城区新康路现状街道文化基因浓郁度评价

新康路现状街道显性文化基因浓郁度评价表

附表 3-11

<table>
<thead>
<tr><th rowspan="2">目标层</th><th rowspan="2">准则层</th><th colspan="3">评价层</th><th colspan="3">分值层</th><th rowspan="2">评分标准</th><th rowspan="2">打分标准</th><th rowspan="2">评价内容</th><th rowspan="2">分值</th></tr>
<tr><th>综合评价层</th><th>项目评价层</th><th>因子评价层</th><th>项目评价层分值</th><th>因子评价层分值</th><th>因子分值</th></tr>
</thead>
<tbody>
<tr><td rowspan="7">北京首都核心区街道显性文化基因浓郁度评价体系</td><td rowspan="5">凸显街道重要历史底蕴，同时历史对街道风貌有重要影响</td><td rowspan="5">重要历史文化遗存（A1）</td><td>物质文化遗产（B1）</td><td></td><td>14</td><td></td><td></td><td>街道两侧是否有物质文化遗产，或受其巨大影响</td><td>有：14分；受影响：10分；无影响：0分</td><td></td><td></td></tr>
<tr><td>重要历史载体（B2）</td><td></td><td>11</td><td></td><td></td><td>街道两侧是否有重要历史载体，或受其巨大影响</td><td>有：11分；受影响：5分；无影响：0分</td><td></td><td></td></tr>
<tr><td>老街巷名（B3）</td><td></td><td>11</td><td></td><td></td><td>街道名本身是否被纳入《北京市地名志（西城区、东城区）》中的老街巷名</td><td>是：11分；不是：0分</td><td>街道为现代规划街道，无重要历史文化遗存</td><td>0分</td></tr>
<tr><td>景观视廊（B4）</td><td></td><td>10</td><td></td><td></td><td>街道是否位于重要的景观视廊，或处于城市空间重要的景观轴线上</td><td>位于景观视廊上：10分；处于重要景观辅线上：5分；无：0分</td><td></td><td></td></tr>
<tr><td>天际线（B5）</td><td></td><td>10</td><td></td><td></td><td>街道两侧建筑天际线是否沿袭完整的旧城传统胡同天际线风貌</td><td>沿袭且保存完整较好：10分；部分沿袭：5分；没有沿袭：0分</td><td></td><td></td></tr>
<tr><td rowspan="2">文化基因要素对街道文化风貌与传统风貌有重要影响</td><td rowspan="2">街道历史基因（A2）</td><td>胡同空间（B6）</td><td></td><td>10</td><td></td><td></td><td>街道是否保留沿袭传统胡同的空间格局与尺度，不具有明确的现代交通规划道路结构</td><td>沿袭，且保存较好：10分；整体沿袭，部分沿袭：5分；未沿袭：0分</td><td>街道为现代规划道路</td><td>0分</td></tr>
<tr><td>建筑立面（B7）</td><td>立面色彩（C1）</td><td>15</td><td></td><td>2</td><td>街道两侧建筑立面色彩是否沿袭统袭规制，街道沿道立面色彩是否协调统一</td><td>沿袭风貌统一协调，符合规制2分；整体沿袭，局部不符合规制1分；少部分沿袭：0.5分；未沿袭：0分</td><td>街道两侧建筑为现代建筑，无传统立面做法遗存</td><td>0分</td></tr>
</tbody>
</table>

续表

目标层	准则层	评价层			分值层		评分标准	打分标准	评价内容	分值
		综合评价层	项目评价层	因子评价层	项目评价层分值	因子评价层分值				
北京首都核心区街道对街道文化氛围与统风貌基因浓郁度显性评价体系	文化基因要素对街道历史文化基因与统风貌有重要影响	街道历史要素基因(A2)	建筑立面(B7)	墙体(C2)		2	街道两侧传统建筑墙体材料做法是否沿袭传统规制，界面风貌是否连续统一	沿袭且材料做法遵从传统规制：2分；部分沿袭，墙面整体风貌不统一：1分；未沿袭传统做法，整体风貌破坏严重：0分	街道两侧建筑为现代建筑，无传统立面做法遗存	0分
				檐口(C3)		2	街道两侧传统建筑是否保留檐口做法，且保存情况是否完好，符合规制	保留做法且完好：2分；部分保留：1分；未保留或未符合规制：0分		
				墙帽(C4)		2	街道两侧传统建筑是否保留墙帽做法，且保存情况是否完好，符合规制	保留做法且完好：2分；部分保留：1分；未保留或未符合规制：0分		
				传统门楼(C5)		2	街道两侧传统门楼是否保存完好，符合规制	保存完好且符合规制：2分；有一定破坏：1分；未保留或未符合规制：0分		
				油漆彩画(C6)		2	街道两侧传统建筑是否保留传统油漆彩画，且保存情况是否完好，符合北方特点	保存完好且符合特点：2分；部分保留：1分；未保留或未符合北方特点：0分		
				外立面门窗(C7)		2	街道两侧传统建筑外立面门窗是否沿袭传统规制，保存是否完整	整体沿袭传统规制：2分；部分沿袭：1分；未沿袭：0分		
				台明、台阶和散水(C8)		1	街道两侧传统建筑是否保留较完好的台明、台阶和散水，且符合传统规制	保存完好且符合规制：1分；部分保留：0.5分；未保留或未符合传统规制：0分		
			建筑屋面(B8)	平顶屋面(C9)	8	2	街道两侧平顶建筑沿袭传统平顶或民国平顶做法，保存是否完好	整体沿袭传统做法沿袭，保存完好：2分；部分沿袭，保存较好：1分；未沿袭，且存在违章加建情况：0分	街道两侧为现代建筑，无传统屋面做法遗存	0分

续表

目标层	准则层	综合评价层	评价层 项目评价层	评价层 因子评价层	分值层 项目评价层分值	分值层 因子评价层分值	评分标准	打分标准	评价内容	分值
北京首都核心区街道文化基因显性因子浓郁度评价体系	文化基因要素对街道文化氛围与传统风貌有重要影响	街道历史要素基因（A2）	建筑屋面（B8）	坡顶屋面（C10）	8	2	街道两侧坡顶建筑是否沿袭传统坡顶做法，保存是否完好	整体沿袭传统做法且保存完好：2分；部分沿袭，保存较好：1分；未沿袭，且存在违章加建情况：0分	街道两侧为现代建筑，无传统屋面做法遗存	0分
				胡同第五立面（C11）		5	街道第五立面整体是否沿袭传统风貌	整体沿袭传统风貌：5分；部分沿袭传统风貌：3分；极少或未沿袭传统风貌：0分		
			构筑物和装饰构件（B9）		2	2	街道两侧建筑的构筑物或装饰构件是否保留传统构件（下马石、抱鼓石等）	保留：2分；未保留：0分	街道无传统建筑构筑物与装饰构件遗存	0分
			历史景观（B10）	桥（C12）	9	2	街道是否存在传统古桥	存在且保存完好：2分；存在，存在一定破坏：1分；未存在：0分		
				古井（C13）		2	街道是否存在传统古井	存在且保存完好：2分；存在，存在一定破坏：1分；未存在：0分		
				古树名木（C14）		2	街道是否存在《北京名区县古树名木》中记载的古树名木或准保护类树木（胸径25厘米以上）	存在古树名木且保护完好：2分；存在古树名木但未保护：1分；未存在：0分	街道无历史景观遗存	0分
				牌楼（C15）		2	街道两侧是否存在牌楼，且保护是否完好	存在牌楼且保护完好：2分；存在但未保护：1分；未存在：0分		
				影壁（C16）		1	街道两侧是否存在影壁，且保护是否完好	存在影壁且保护完好：1分；存在但未保护：0.5分；未存在：0分		
总分										0分

新康路现状街道隐性文化基因浓郁度评价表

附表 3-12

目标层	准则层	评价层		分值层	评分标准	打分标准	评价内容	分值
		评价层	项目评价层分值					
北京首都核心区街道显性文化基因浓郁度评价体系	街道中历史人文故事对街道风貌产生一定隐性影响	历史人文基因（D1）	非物质文化遗产（E1）	21	街道是否保留与非物质文化遗产相关的文化活动与文化场所	保留且有所传承发扬：21分；保留但未发扬传承：10分；未存在：0分	街道无历史文化传承	0分
			历史沿革（E2）	20	街道本身的出现与发展是否具有一定历史时期的沿革	街道发源自明清时期，且保留相当的文化氛围：20分；街道发源自民国时期，且保留相当的文化氛围：10分；街道发源自现代：0分		
			文化历史传说（E3）	10	街道本身是否承载着人民群众艺术创作的故事，且是否有所传承发掘	承载且有所发扬：10分；承载但未有所发扬：5分；未承载：0分		
			历史人物（E4）	10	街道是否曾经作为名人居住地或因历史人物广为流传	曾作为名人居住地：10分；因历史人物广为流传：5分；没有：0分		
	街道中民俗文化故事对街道风貌产生一定隐性影响	民俗文化基因（D2）	民俗传承（E5）	10	街道是否有举行民族文化与民俗文化活动的场所	有且已有一定规模与影响力：10分；有但开展处于起步阶段：5分；没有：0分	街道无民俗文化传承	0分
			文化事件（E6）	10	街道是否举行过具有重大影响力的社会议题、社会活动的场所	有且对街道文化底蕴有一定影响：10分；有但对街道现状有影响：5分；没有：0分		
			文化活动（E7）	9	街道是否组织过相关部门承办的文化活动	有且有一定影响力：9分；有但有一定影响：5分；没有：0分		
			民族宗教文化（E8）	10	街道是否长期存有体现民族传统文化宗教习俗的活动与场地	有且有一定规模：10分；有但未形成规模：5分；没有：0分		
总分								0分

参考资料

标准规范

1. 《中华人民共和国城乡规划法》.
2. 《城市道路交通规划设计规范》GB 50220—95.
3. 《城市绿地设计规范》GB 50420—2007.
4. 《城市道路工程设计规范》CJJ 37—2012.
5. 《门牌、楼牌 设置规范》DB11/T 856—2012.
6. 《文物保护单位标志》GB/T 22527—2008.
7. 《北京市牌匾标识设置管理规范》(京管发〔2017〕140号).
8. 《城市道路公共服务设施设置与管理规范》DB11/T 500—2016.

书籍专著

1. 勒·柯布西耶.明日之城市[M].李浩译.北京：中国建筑工业出版社，2009.
2. 凯文·林奇.城市意象[M].项秉仁译.北京：中国建筑工业出版社，1990.
3. 凯文·林奇.城市形态[M].林庆怡，陈朝晖，邓华译.北京：华夏出版社，2001.
4. 简·雅各布斯.美国大城市的死与生[M].金衡山译.南京：译林出版社，2013.
5. 阿兰·B·雅各布斯.伟大的街道[M].王又佳译.北京：中国建筑工业出版社，2009.
6. 扬·盖尔.交往与空间[M].何人可译.北京：中国建筑工业出版社，2002.
7. 芦原义信.街道的美学[M].尹培同译.武汉：华中理工大学出版社，1989.
8. 芦原义信.外部空间设计[M].北京：中国建筑工业出版社，1985.
9. 埃德蒙·N·培根.城市设计[M].黄富厢等译.北京：中国建筑工业出版社，1989.
10. 雷姆·库哈斯.癫狂的纽约[M].唐克扬译.上海：生活·读书·新知三联书店，2015.
11. 罗杰·特兰西克.寻找失落空间[M].朱子瑜等译.北京：中国建筑工业出版社，2008.
12. 克利福·芒福汀.街道与广场[M].张永刚，陈卫东译.北京：中国建筑工业出版社，2004.

13 迈克尔·索斯沃斯,伊万·本·约瑟夫.街道与城镇的形成[M].李凌虹译.北京:中国建筑工业出版社,2006.

14 刘易斯·芒福德.城市文化[M].宋俊岭,李翔宁等译.北京:中国建筑工业出版社,2009.

15 波拉克.解读基因:来自DNA的信息[M].杨玉玲译.北京:中国青年出版社,2000.

16 王建国.城市设计[M].南京:东南大学出版社,1999.

17 沈磊,孙洪刚.效率与活力——现代城市街道结构[M].北京:中国建筑工业出版社,2007.

18 虞大鹏,何崴.解读街道[M].北京:中国建筑工业出版社,2013.

19 金广君.图解城市设计[M].北京:中国建筑工业出版社,2010.

20 卓健.城市街道研究与规划设计[M].北京:中国建筑工业出版社,2010.

21 冯天瑜.中国文化生成史[M].武汉:武汉大学出版社,2013.

22 刘长林.中国系统思维:文化基因透视[M].北京:中国社会科学出版社,1990.

23 黄鹤.文化规划——基于文化资源的城市整体发展策略.北京:中国建筑工业出版社,2010.

24 上海市规划和国土管理局等.上海街道城市设计导则[M].上海:同济大学出版社,2016.

25 北京市规划和国土资源管理委员会规划西城分局,北京建筑大学建筑与城市规划学院.北京西城街区整理城市设计导则[M].北京:中国建筑工业出版社,2018.

期刊论文

1 耿识博,习近平."文化基因"论的内涵探析[J].中共中央党校学报,2016(03):5-12.

2 高德武.论文化主导下的城市更新实践:成都案例[J].城市发展研究,2013(03):10-13.

3 赵传海.论文化基因及其社会功能[J].郑州:河南社会科学,2008(2):50-51.

4 汪平西.基于基因植入理念的传统古镇的保护与开发——以淮南上窑古镇保护规划为例[J].城市问题,2017(03):43-48.

5 吴晓庆,张京祥.从新天地到老门东——城市更新中历史文化价值的异化与回归[J].现代城市研究,2015(03):86-92.

6 刘沛林.古村落文化景观的基因表达与景观识别[J].衡阳师范学院学报(社会科学),2003(4):1-8.

7 赵鹤龄,王军,袁中金,马涛.文化基因的谱系图构建与传承路径研究——以古滇国文化基因为例[J].现代城市研究,2014(05):90-97.

8 王西涛,刘飞飞,邵娟.历史街区文化基因提取与基因库构建[J].重庆科技学院学报,2014(5):102-106.

9 张松.文化生态的区域性保护策略探讨:以徽州文化生态保护实验区为例[J].同济大学学报,社会科学版,2009(3):28-35.

10 王东.中华文明的文化基因与现代传承(专题讨论)中华文明的五次辉煌与文化基因中的五大核心理念[J].河北学刊,2003(05):130-134+147.

11 王海宁.聚落形态的文化基因解析——以贵州省青岩镇为例[J].规划师,2008(05):61-65.

12 张鸿雁.人类城市化的"城市文化基因"与"城市社会再造文化因子"论——城市社会进化的人类学与社会学新视角[J].社会科学,2003(09):65-73.

13 姜潇,蒋芳,周润健.中央城市工作会议点出的文化课题:续"文脉"提"气质"[J].决策探索(下半月),2016(01):16-17.

14 赵潇.现代城市街道的景观设计技法研究.大观周刊,2013(04):316-316.

15 王承旭.城市文化的空间解读[J].规划师,2006(04):69-72.

16 黄鹤.文化政策主导下的城市更新——西方城市运用文化资源促进城市发展的相关经验和启示[J].国外城市规划,2006(01):34-39.

17 黄鹤,唐燕.文化产业政策对北京城市发展的影响分析[J].国际城市规划,2012,27(03):70-74.

18 张乃戈,朱韬,于立.英国城市复兴策略的演变及"开发性保护"的产生和借鉴意义[J].国际城市规划,2007(04):11-16.

19 董奇,戴晓玲.英国"文化引导"型城市更新政策的实践和反思[J].城市规划,2007(04):59-64.

20 魏峰群,席岳婷.基于文化基因传承视角下的城市空间蔓延初探——以西安市为例[J].城市发展研究,2012,19(07):47-52.

21 葛岩,唐雯.城市街道设计导则的编制探索——以《上海市街道设计导则》为例[J].上海城市规划,2017(01):9-16.

22 侯爱萍,陈新勇.基于基因信息图谱的传统聚落景观研究——以新疆吐鲁番麻扎村维吾尔族聚落为例[J].新疆大学学报(自然科学版),2016,33(02):235-240+252.

23 杨扬.中国国家博物馆藏《北京八景图卷》再议[J].书画世界,2015(05):4-15.

24 唐黎标.北京地名与地域文化[J].中国地名,2017(10):20-21.

25 安涤非.非物质文化遗产内容探讨[J].文艺生活·文艺理论,2016(02):201-201.

26 施芳红,顾智淳,崔敏.德尔菲法在药学领域中的应用概述[J].中国药师,2016,19(05):985-987.

27 闪世昌.东交民巷和东交民巷小学[J].北京档案,2013(06):58-59.

28 刘文丰.保护东交民巷的异域风貌[J].北京观察,2014(07):28-29.

29 张小彤,万辉.20世纪初北京东交民巷使馆区建筑装饰的文化意蕴[J].西安建筑科技大学学报(社会科学版),2016,35(03):63-67.

30 朱永杰,韩光辉,吴承忠.北京旧城历史街区保护现状与对策研究[J].城市发展研究,2018,25(05):1-6.

31 万敏,秦珊珊,干婕.城市家具及其类型学规划设计方法研究——以珠海市城市家具设置规划为例[J].中国园林,2015,31(12):50-55.

学位论文

1 魏英.城市传统风貌街道规划研究[D].重庆大学,2008.

2 马水静.基于中心地理论的北京城市街道活力研究[D].北京工业大学,2009.

3 周爽.城市街道空间的场所性研究[D].中央美术学院,2010.

4 潘亦佳.城市街道空间的人性化设计[D].北京林业大学,2010.

5 刘量.基于类型学的城市街道空间设计研究[D].西南交通大学,2014.

6 郑小霞.营造活力空间:重庆石油路社区街道活动与人行空间研究[D].重庆大学,2014.

7 许炎.基于共享理念的完整街道设计研究[D].南京大学,2014.

8 郭顺.国内外大都市建成区街道设计导则的比较研究[D].北京建筑大学,2018.

9 陈宇.城市街道景观设计文化研究[D].东南大学,2006.

10 王颖.地域文化特色的城市街道景观设计研究[D].西安建筑科技大学,2004.

11 冯天甲.文化基因解析在五大道历史街区保护与更新中的研究与应用[D].天津大学,2010.

12 乌再荣.基于"文化基因"视角的苏州古代城市空间研究[D].南京大学,2013.

13 霍艳虹.基于"文化基因"视角的京杭大运河水文化遗产保护研究[D].天津大学,2017.

14 袁媛.文化基因视角下太原旧城区历史街区保护与更新研究[D].西安建筑科技大学,2013.

15 刘璇.基于文化基因视角的青岛历史街区保护与开发研究.[D].中国海洋大学,2015.

16 刘婧怡.基于地域视角的街道景观文化研究[D].天津大学,2008.

17 张晓存.城市街道"历史表情"的保护与传承研究[D].青岛理工大学,2012.

18 张扬.公共管理视域下城市文化治理问题研究[D].河北师范大学,2016.

19 商谦.当代北京旧城地下空间研究[D].清华大学,2015.

20 林芳芳.中国世界文化和自然遗产法律保护的缺陷及对策[D].中国政法大学,

21 蔡青. 城市设计的艺术属性研究 [D]. 天津大学，2016.
22 魏霞. 夕阳下的胡同——以北京市东城区某社区为例 [D]. 中央民族大学，2011.
23 樊旭英. 北京市旧城区胡同道路特征及其利用方法研究 [D]. 北京工业大学，2008.
24 刘鹏. 我国古树名木保护法律制度研究 [D]. 湖南师范大学，2011.
25 杨丽霞. 新世纪我国文物类建筑遗产管理的若干基础性问题研究 [D]. 东南大学，2012.

外文文献

1 Boston Complete Streets Design Guidelines [R]. Boston: City of Boston, 2013.
2 Streetscape Guidance 2009: Executive Summary A Guide to better London Streets[S]. London: Tf L, 2009.
3 Convener and Vice Convener of the Planning Committee 2013 Edinburgh Design Guidance[R].

会议纪要

1 于睿智. 街道设计导则编制方法探索——以伦敦、纽约、阿布扎比、上海为例 [A]. 中国城市规划学会、杭州市人民政府. 共享与品质——2018 中国城市规划年会论文集 (14 规划实施与管理)[C]. 中国城市规划学会、杭州市人民政府：中国城市规划学会，2018:9.

报纸

1 林培. 城市"慢生活"期待街道导则 [N]. 中国建设报，2012-06-26(003).
2 柳森. 当街道的意义回归之后 [N]. 解放日报，2017-12-18(011).

相关政策文件

1 《国务院关于加强城市基础设施建设的意见》.
2 《中华人民共和国住房和城乡建设部关于加强生态修复城市修补工作的指导意见》.
3 《关于进一步加强首都环境建设工作的意见》.
4 《住建部、发改委、财政部关于加强城市步行和自行车交通系统建设的指导意见》.
5 《国务院关于城市优先发展公共交通的指导意见》.
6 《中共中央国务院关于进一步加强城市规划建设管理工作的若干意见》.
7 《城市步行和自行车交通系统规划导则》.

网络资源

1 中国知网.中国期刊全文数据库.
   http://dlib.edu.cnki.net/kns50/Navigator.aspx?ID=1

2 中国知网.中国博士论文全文数据库.
   http://dlib.edu.cnki.net/kns50/Navigator.aspx?ID=2

3 中国知网.中国优秀硕士论文全文数据库.
   http://dlib.edu.cnki.net/kns50/Navigator.aspx?ID=9

4 新华网.中央城市工作会议.
   http://www.xinhuanet.com/politics/2015csgz/index.htm